Juana de Arco

Una Fascinante Guía de una Heroína de Francia y su Papel Durante la Fase Lancasteriana de la Guerra de los Cien Años

© Copyright 2020

Todos los Derechos Reservados. Está prohibida la reproducción total o parcial de este libro sin la autorización por escrito del autor. Los críticos pueden citar pasajes breves en sus revisiones.

Aviso Legal: Está prohibida la reproducción total o parcial de este libro en cualquier forma y cualquier medio, mecánico o electrónico, incluyendo fotocopiado o grabaciones, o mediante cualquier otro dispositivo de almacenamiento y recuperación de información, o por correo electrónico sin la autorización por escrito del editor.

Si bien se han realizado todos los intentos para verificar la información proporcionada en esta publicación, el autor y el editor se deslindan de toda responsabilidad por errores, omisiones o interpretaciones contrarias del tema.

Este libro es sólo para fines de entretenimiento. Las opiniones expresadas pertenecen al autor y no deben tomarse como instrucciones u órdenes de expertos. El lector es responsable de sus propias acciones.

El cumplimiento de todas las leyes y regulaciones aplicables, incluidas las leyes internacionales, federales, estatales y locales que rigen las licencias profesionales, las prácticas comerciales, la publicidad y todos los demás aspectos de hacer negocios en los Estados Unidos, Canadá, el Reino Unido o cualquier otra jurisdicción, es responsabilidad exclusiva del comprador o lector.

El autor y el editor se deslindan de toda responsabilidad u obligación alguna en nombre del comprador o lector de este material. Cualquier percepción individual u organización es puramente involuntaria.

Índice

INTRODUCCIÓN 1
CAPÍTULO 1 - LA GUERRA INTERMINABLE 3
CAPÍTULO 2 - UNA PROFECÍA SUSURRADA 8
CAPÍTULO 3 - LA PRIMERA VISIÓN 14
CAPÍTULO 4 - LA DUDA DE BAUDRICOURT 19
CAPÍTULO 5 - UNA PREDICCIÓN DE DERROTA 25
CAPÍTULO 6 - UNA AUDIENCIA CON EL REY 31
CAPÍTULO 7 - EL CAMINO A ORLEANS 36
CAPÍTULO 8 - LLEGADA A ORLEANS 41
CAPÍTULO 9 - PORTANDO EL ESTANDARTE BLANCO 45
CAPÍTULO 10 - UNA SEÑAL PROVISTA 50
CAPÍTULO 11 - LA BATALLA DE PATAY 55
CAPÍTULO 12 - LAS HABAS DEL APOCALIPSIS 60
CAPÍTULO 13 - EL REY FRANCÉS CORONADO 66
CAPÍTULO 14 - EL ASEDIO DE PARÍS 71
CAPÍTULO 15 - PAZ 76
CAPÍTULO 16 - CAPTURA 80
CAPÍTULO 17 - CAUTIVA 85
CAPÍTULO 18 - UNA SANTA JUZGADA POR HEREJÍA 90
CAPÍTULO 19 - LA QUEMA DE JUANA DE ARCO 95
CONCLUSIÓN 98
FUENTES 102

No temo a los soldados, porque mi camino se abre para mí; y si vienen los soldados, tengo a Dios, mi Señor [...]. ¡Fue por esto que nací!

- Juana de Arco

Introducción

Juana de Arco. Algunos la consideran una lunática; algunos, como una parte de la historia tristemente incomprendida; otros, como un genio hambriento de poder; y la Iglesia católica, como una santa y un símbolo de fe, humildad y coraje frente a la persecución. Sin embargo, una cosa no se puede negar: Juana de Arco fue una de las figuras más notables en la historia de la raza humana, y su vida extraordinaria es una historia fascinante que deja muchas preguntas sin respuesta en la historia.

Cuando Juana llegó a la escena, Francia era un país en una situación desesperada. Casi completamente derrotado por los ingleses, estuvo a punto de convertirse en poco más que una joya de la corona inglesa. El heredero legítimo de su trono, el Delfín Carlos, era un hombre desanimado y malhumorado que había renunciado a gobernar su país. El tiempo nunca había sido más ideal para un salvador y, sin embargo, ningún salvador había sido tan improbable como Juana. Ella no era una guerrera, ni era una princesa, ni fue educada de ninguna manera. En cambio, ella era solo una campesina y una mujer, además. En la era medieval, una persona como ella prácticamente no tenía importancia.

Excepto que Juana no dejó que eso la detuviera. Inspirada por lo que creía que era revelación divina, se atrevió a exigir una audiencia con el Delfín, a pesar de que pertenecía a la clase más baja imaginable. Es posible que no supiera leer ni escribir, pero estaba decidida a salvar a su país. Se ha dicho que la fe puede mover montañas. Es difícil imaginar una montaña más grande que la que movió la fe de Juana.

La historia de Juana se siente como una novela en lugar de una parte de la historia. Era una salvadora brillante en un caballo de guerra, agitando su estandarte blanco y llamando a sus soldados a la victoria; pero también era dolorosa e intensamente humana, una joven que lloraba y sufría igual que el resto de nosotros. En el mismo aliento, es tan fácil relacionarse con Juana como impresionarse por su increíble personaje. Ella pudo haber sido beatificada como una santa, pero Juana de Arco fue en muchos sentidos un ser humano muy común, una persona que sintió dolor y miedo, una persona que cometió errores y que tuvo momentos de debilidad. Este libro la sigue a través de su extraordinario viaje. Sienta su terror cuando experimentó por primera vez sus visiones. Observe su determinación mientras convence a un cínico capitán para que le otorgue su paso al Delfín. Experimente su euforia y fe mientras dirigía al ejército francés a la victoria continua. Llore junto a ella mientras el rey de Francia la traiciona. Sufra con ella durante su largo encarcelamiento en manos de sus enemigos. Y llore con los testigos que la vieron arder por un crimen que no cometió.

Ella era Juana de Arco, una persona cuya vida sigue envuelta en misterio, pero que sin embargo es una aventura fascinante. Y esta es su historia.

Capítulo 1 - La Guerra Interminable

Todo comenzó con un bebé, una niña, para ser exactos. Si la pequeña y recién nacida Blanche de Francia, nacida el 1 de abril de 1328, hubiese llegado al mundo como un niño en lugar de una niña, entonces la guerra podría no haber comenzado nunca. Era un aspecto cruel del destino que algo tan pequeño debería tener la capacidad de causar una tragedia tan extendida y duradera, y si no fuera por las leyes sexistas de la época no hubiese habido conflicto sobre el trono de Francia. Sin embargo, Blanche, la más joven de las dos hijas sobrevivientes del rey Carlos IV, nació en una época en que a una mujer no se le permitía gobernar el reino de Francia. Y así, se declaró que el difunto padre de Blanche había muerto sin un heredero. La dinastía de los Capetos terminó con él.

El rey Carlos IV fue el hijo sobreviviente más joven de Felipe IV, quien tuvo tres hijos. Cada uno había sido rey a su vez después de la muerte de Felipe: primero Luis X, posteriormente Felipe V y luego, finalmente, Carlos. Los únicos otros hermanos que sobrevivieron fueron una hermana mayor, Margaret, y una menor, Isabella. El hermano menor de Carlos, Roberto, había muerto de niño. Nuevamente debido a su género, ninguna de las mujeres podía tomar el trono. Pero quizás Isabella podría proporcionar un heredero, un heredero que sería muy insatisfactorio para la nobleza francesa. En un intento por mejorar las relaciones diplomáticas entre Francia e Inglaterra, Isabella se había casado con el príncipe de Inglaterra cuando tenía solo doce años. Pero ahora era una mujer adulta de aproximadamente treinta años, una mujer muy inteligente que se había ganado el título de Loba de Francia, y su esposo era el adolescente rey Eduardo II de Inglaterra. Como pariente masculino más cercano del difunto rey de Francia, Eduardo tenía un derecho legítimo al trono francés.

La nobleza francesa luchó para evitar lo impensable de que un hombre fuera el rey de Francia e Inglaterra. Se las arreglaron para encontrar un heredero alternativo. Felipe de Valois había sido un noble menor como hijo de un conde; gran parte de su vida antes de la muerte del rey Carlos IV se perdió en la historia, ya que no fue considerado importante durante su infancia. Pero su padre, aunque era un noble menor, también era el hermano menor de Felipe IV, el padre de Carlos IV, lo que hizo de Felipe de Valois el pariente más cercano al rey fallecido a través de la línea masculina. Fue coronado apresuradamente el rey Felipe VI de Francia antes de que Eduardo pudiera reclamar el trono.

Para frotar sal en la herida, Eduardo no solo era el rey de Inglaterra, sino también el duque de Aquitania, un gran ducado en Francia, debido al hecho de que los reyes de Inglaterra le debían su herencia a la sangre francesa desde las victorias de Guillermo el Conquistador en 1066. Por esa razón, Eduardo también era técnicamente un vasallo del rey de Francia, lo que lo obligó a rendir homenaje al rey. Rendir homenaje era una ceremonia humillante que implicaba jurar lealtad y mostrar sumisión, y Eduardo no tenía la intención de rendir homenaje a un rey que creía que le había robado su segundo trono.

Isabella se había casado con Eduardo en un intento de hacer las paces. En un inesperado giro del destino, ese acto terminó desencadenando el conflicto más largo de la historia europea. No le tomó mucho tiempo a Eduardo, un adolescente fanático, violar la ceremonia de homenaje al usar su espada y su corona en lugar de tener la cabeza descubierta como era costumbre. Como represalia, Felipe intentó confiscar Aquitania. Eduardo aceptó el desafío al forzar su reclamo al trono francés. En 1337, sonó el llamado a las armas. Era la guerra.

* * * *

La Guerra de los Cien Años se ha convertido en uno de los conflictos más extensos en la historia del mundo. Hasta que la Primera Guerra Mundial reclamara ese título, también se conocería como la Gran Guerra. A partir de 1337, seguirá siendo principalmente un conflicto por la sucesión, que se desato entre la familia inglesa Plantagenet y la Casa francesa de Valois. La cantidad de insultos y combates que conllevó la guerra finalmente se desbordó en diversas guerras de poder, incluida la Guerra de Sucesión bretona y la Guerra Civil castellana, durante las cuales Francia e Inglaterra elegirían un bando y ofrecerían apoyo al campeón que habían elegido.

La primera gran batalla, la batalla de Sluys en 1340, fue una batalla naval que los ingleses ganaron decisivamente, lo que les permitió invadir Francia y sitiar la fortaleza de Tournai. Francia se defendió, atacando a Inglaterra en tres frentes: en la propia Francia, a lo largo de la costa inglesa quemando y saqueando varias ciudades, y desde la frontera escocesa a través de uno de los aliados franceses más importantes: el rey David I de Escocia.

Sin embargo, a medida que la primera fase de la guerra se extendía por décadas, Inglaterra comenzó a tomar ventaja. Los ingleses ganaron la batalla de Crécy utilizando la destreza de los arqueros comunes para derrotar a la magnífica caballería francesa, una derrota abominable para los altivos franceses. Esto fue seguido por más victorias inglesas en Neville's Cross y Calais, y luego, finalmente, después de un breve interludio mientras ambos países estaban ocupados frente a la peste negra, Poitiers. Esta última victoria resultó en la captura del rey francés, el sucesor de Felipe VI, Juan II. Juan fue enviado de regreso a Inglaterra y rescatado por una ridícula suma de dinero.

En 1360, el rey Eduardo dirigió otra campaña a través de la paralizada Francia. El país estaba luchando bajo el mandato de su joven líder, el Delfín Carlos, cuyos esfuerzos se centraron en gravar a los campesinos para poder pagar el rescate de su padre. Eduardo recorrió todo el país, en dirección a Reims y París, dos de las ciudades más importantes de Francia. Pero el Lunes Negro puso fin a todo eso. Una inusual tormenta de granizo estalló sobre las tropas de Eduardo, matando a varios miles de hombres y caballos. Eduardo lo consideró como una señal de Dios de que esta campaña estaba en contra de su voluntad y regresó a Inglaterra, lo que resultó en el primer tratado de la guerra. El Tratado de Brétigny fue la renuncia al reclamo de Eduardo al trono, pero devolvió a Aquitania a su posesión. El rey Eduardo regresó a Inglaterra, dejando a su hijo, Eduardo el Príncipe Negro, a cargo de Aquitania.

La paz no duró mucho. La segunda fase de la guerra (conocida como la guerra de Carolina) comenzó solo nueve años después. La participación del Príncipe Negro en la Guerra Civil castellana lo había dejado físicamente enfermo y financieramente dañado, lo que lo obligó a gravar fuertemente a sus súbditos en Aquitania. El rey Eduardo III se estaba volviendo mayor y enfermo, y el rey Juan II finalmente había muerto en cautiverio. Su hijo fue coronado Carlos V. Cuando algunos de los nobles del Príncipe Negro de Aquitania pidieron ayuda al rey Carlos, el rey francés estaba agradecido. Extendió una llamada cortés al Príncipe Negro solicitando su presencia en Francia, por lo que el Príncipe declaró que estaría allí, con un ejército invasor. La guerra total comenzó de nuevo.

Esta vez, los franceses tenían la ventaja. Con los dos líderes militares más importantes de Inglaterra incapacitados por la edad y la enfermedad, Francia fue dirigida por un rey enfurecido que había estado esperando esta oportunidad durante demasiado tiempo. En 1372, diversos territorios volvieron a estar bajo el control francés, incluidos Poitiers y la importante ciudad portuaria de La Rochelle. Las redadas de los ingleses John de Gaunt y el conde de Buckingham resultaron ineficaces, ya que los franceses continuaron recuperando su terreno perdido.

Cuando el Príncipe Negro, el rey Eduardo y el rey Carlos murieron en 1376, 1377 y 1380, respectivamente, fueron sucedido por dos reyes: Ricardo II de Inglaterra, de diez años, y Carlos VI de Francia, de once años. Su juventud y los importantes disturbios civiles, como la revuelta de los campesinos ingleses en 1381, pusieron fin repentinamente a las hostilidades. Si bien el interregno portugués de 1383-1385 se consideró una guerra indirecta, no tuvo un efecto estratégico significativo, y en 1389, los reyes habían firmado la tregua de Leulinghem, terminando la fase de la guerra de Carolina y marcando el comienzo de 25 años de una inquietante paz.

Quizás algunos creían que la guerra podría haber terminado. Sin embargo, los disturbios continuaron en ambos países. En 1392, Carlos VI experimentó repentina e inesperadamente un momento de psicosis que lo llevó a matar a uno de sus propios caballeros. Fue arrastrado de regreso a su castillo atado para su propia seguridad, y lamentablemente para su gente, este no sería el último de estos episodios. Continuaría experimentando alucinaciones, delirios y comportamientos extraños por el resto de su vida. Sin un gobernante, Francia se vio incapaz de luchar a gran escala.

Inglaterra misma tampoco estaba en posición de invadir. Ricardo II fue depuesto por Enrique de Bolingbroke, que pronto coronó a Enrique IV, que fue rodeado por todas partes por rebeliones de Inglaterra y Gales. Francia apoyó la rebelión galesa, pero fue aplastada en 1415 por el hijo de Enrique IV, un joven particularmente despiadado coronado como el rey Enrique V en 1413.

Con la paz establecida en su propio país, Enrique V se propuso expandir su gobierno. Y sabía que Francia, con su rey demente, era una presa fácil.

Capítulo 2 - Una Profecía Susurrada

Ilustración I: La casa donde nació Juana de Arco

Francia, 1415. Harfleur acababa de caer ante los ingleses. El puerto había resistido valientemente, resultando en un asedio que duró más de un mes, a pesar de las fuerzas significativamente superiores de Enrique V. Pero el 22 de septiembre, la ciudad cayó por completo, y Enrique estableció un punto de apoyo firme en suelo francés donde podría recibir refuerzos.

Toda Francia temblaba de miedo. Había varios líderes militares franceses fuertes en ese momento, pero los episodios de locura del rey Carlos VI solo se habían intensificado y se hacían más frecuentes a medida que la edad seguía afectando su deteriorada salud mental. Sin un solo líder unificador, el ejército francés se tambaleaba frente a la poderosa fuerza de Enrique. Enrique atacó con firme determinación mientras la nobleza francesa peleaba arrogantemente entre ellos, y los plebeyos se vieron sobrecargados de impuestos y sin inspiración por su liderazgo. Muchos nobles franceses comenzaban a preguntarse si no sería mejor rendirse a los ingleses y dejarse llevar por un rey que estuviera en plena posesión de sus facultades mentales, además de ser un líder militar talentoso.

Pero los plebeyos y muchos de los otros nobles se reusaban a ello. Eran franceses y querían seguir siendo franceses bajo el mando de un rey francés. Y fue entre estas personas que la profecía había comenzado a circular.

* * * *

Mientras los ingleses se movían inexorablemente por todo el país, la profecía voló de boca en boca. Era antigua, una que había sido recitada durante mucho tiempo, pero cuanto más se acercaban los ingleses, más rápido se movía la profecía. Una cosa rápida y susurrada, desapareció ante la horda que se acercaba.

Nadie está seguro de dónde vino originalmente la profecía. Algunos lo atribuyeron a San Bede el Venerable, un monje y escritor del siglo VII. Otros creían que provenía de Euglide de Hungría, e incluso otros pensaban que había sido hecho por el mago místico de la época del rey Arturo y sus caballeros: Merlín. De donde sea que proviniera y sin importar cuán antigua era (nadie lo sabía con certeza), repentinamente fue recordada. Fue algo desesperado para un tiempo incierto. Y los tiempos se volvieron cada vez más desesperados cuando Enrique se extendió por todo el país. Ciudad tras ciudad cayó ante él como el trigo ante la guadaña, comenzando con la batalla de Agincourt, donde la enorme fuerza francesa no pudo hacer nada contra los ingleses. Caen cayó. Posteriormente Ruan. Para 1420, toda Francia estaba en grave peligro con los ingleses en todo el campo.

Tan rápido como se movían los ingleses, la profecía se movía más rápido. Estaba en cada boca y en el oído de cada francés en ese momento. Era tan simple como aterrador, tan siniestro como esperanzador.

Francia se perderá por una mujer, se dijo. *Pero será salvado por una virgen de las fronteras de Lorraine.*

Era una profecía inusual para ese tiempo, considerando que las mujeres en gran medida tenían poco papel en la política y ciertamente ningún papel en la guerra. Incluso las mujeres nobles a menudo se usaban como mercancía en ese momento, y se casaban para mejorar las alianzas por capricho de su padre. Sin embargo, esta profecía parecía decir que dos mujeres podrían cambiar el destino de toda Francia, no una, sino dos veces.

Quizás en cualquier otro momento, la profecía habría sido rechazada. Pero no en este. El pueblo de Francia estaba desesperado, y se aferraron a esta profecía con mano de hierro.

* * * *

Los franceses reconocían que la primera parte de su profecía estaba a punto de hacerse realidad: la parte en que Francia estaba perdida por una mujer. Juan el Valiente, duque de Borgoña, tenía el potencial de ser uno de los aliados clave de Francia; pero cuando los celosos partidarios del Delfín, también llamado Carlos, lo asesinaron en París en 1419, los burgundios cambiaron de bando para unir fuerzas con los ingleses. Borgoña tomó París, y la capital estaba oficialmente al alcance del enemigo.

Lo que los franceses no sabían era que la segunda parte de la profecía ya se había puesto en marcha. En 1412, incluso antes de que Enrique llegara en Harfleur, nació la Doncella de Francia. Sin embargo, ella no nació en la ropa de cama de seda de una casa noble. En cambio, nació en la aldea campesina de Domrémy en una modesta pero típica casa campesina, un pequeño edificio sinuoso en un reducido pedazo de pavimento sinuoso, bordeado por el bosque y la iglesia. Fue aquí, y no en algún palacio elevado o castillo majestuoso, donde la heroína de Francia pasaría su infancia. Domrémy en sí era un pequeño pueblo de poca importancia en el noreste de Francia, cerca de la frontera con Lorraine, entonces parte del Sacro Imperio romano.

Jacques d'Arc era un agricultor y un pilar de la comunidad en el pequeño pueblo. Tenía algunos deberes oficiales en el pueblo que ayudaron a complementar sus ingresos en su pequeña granja. Su esposa, Isabelle, era ama de casa, como era típico de las mujeres campesinas en este período, pero mostró una cantidad inusual de devoción, como lo demuestra su apodo de Romée, un título que indicaba que había emprendido una peregrinación a Roma en algún momento antes de casarse, probablemente en su adolescencia. Dio a luz a su hija el 6 de enero de 1412. La niña se llamaba Juana de Arco.

Como la mayoría de los niños campesinos, Juana no asistió a la escuela: la educación era un privilegio reservado para los ricos y los de bien nacidos. En cambio, pasó su tiempo ayudando a su madre en la casa, aprendiendo los deberes de la mujer campesina medieval: cocinar, limpiar, cuidar animales y jardinería. Sin embargo, un lugar donde ella fue a aprender fue la iglesia. Europa en ese momento era un continente profundamente católico, considerando que la Iglesia católica romana era la única que existía en esa área, por lo que la pequeña Juana asistía a misa regularmente, asistida por su madre profundamente devota. Aquí, ella aprendió todo sobre los santos y, lo más importante, sobre Dios.

Toda la información que Juana recibió sobre Dios le fue dada a través de un sacerdote. A diferencia de los cristianos actuales, Juana no aprendió sobre solamente leyendo la Biblia. Aunque la Biblia se había traducido completamente al francés por primera vez en 1377, esto no benefició mucho a la joven Juana: como la mayoría de los campesinos, ella no podía leer ni escribir. Pero podía escuchar. Y escuchando lo logró, con gran atención al lado de su madre en misa, mientras le contaban sobre el Dios que había creado el mundo y lo había puesto en movimiento. Le contaron acerca de Jesús, la encarnación humana de Dios, y su muerte en la cruz para liberar a todos los pecadores. Y la pequeña Juana se cautivó de inmediato. Siguiendo el ejemplo obediente de su madre, puso su corazón y su alma al servicio de Dios, aprendiendo sus oraciones y siguiendo los mandamientos que le habían enseñado.

Quizás, incluso cuando era una niña pequeña, Juana sabía lo inferior que era. Era solo una pequeña niña campesina, posiblemente la persona menos influyente en toda Francia. Pero tenía valentía y una fe que se negaba a ser acallada.

* * * *

Juana tenía ocho años cuando finalmente cayó Francia. Enrique V, en su búsqueda para obtener el trono, se dirigió a Troyes, y fue aquí donde se firmó el próximo tratado de la Guerra de los Cien Años. El rey Carlos VI todavía estaba sumido en su locura, perdido en un mundo extraño y paranoico donde cualquier cosa podía pasar, y su hijo, el Delfín, era una figura impopular entre los franceses, con rumores de que había ordenado el asesinato del duque de Borgoña y, por lo tanto, colocó a Francia en la posición en que se encontraba en ese momento. La reina Isabel de Francia, la esposa de Carlos VI, decidió que había que actuar. Ella misma no era la favorita de los franceses. Durante mucho tiempo habían creído que había tenido una aventura amorosa con el hermano de Carlos VI, posiblemente resultando en el nacimiento del Delfín. Ahora, sin embargo, decidió que había terminado de ser la reina de un país asediado. Ella acordó firmar un tratado con Enrique que declararía ilegítimo al Delfín y le daría a Enrique la mano de su hija, la princesa Catalina, en matrimonio. El Tratado de Troyes fue menos un tratado y más una rendición francesa. Al firmarlo, Enrique estaba recibiendo no solo una princesa para casarse, sino también la sucesión al trono francés. Carlos VI reinaría hasta su muerte, pero si Enrique y Catalina tenían hijos, heredarían el trono de Francia. Francia estaba a una generación de estar bajo control inglés.

La primera parte de la profecía se había hecho realidad. Isabel había firmado la primogenitura del Delfín, perdiendo al país francés ante los ingleses. Lo había perdido una mujer. Pero sería salvado por una virgen.

Capítulo 3 - La Primera Visión

En 1425, Francia tenía dos reyes.

El rey Carlos VI, el desafortunado rey demente, había muerto el 21 de octubre de 1422. No mucho antes, su archienemigo, el rey Enrique V, también había fallecido. Inmediatamente, los ingleses se apresuraron a coronar al pequeño hijo del rey Enrique V: un simple bebé que se convirtió en el rey Enrique VI. Pero el Delfín Carlos, que controlaba solo unos pocos territorios alrededor de Bourges, también reclamó el trono a pesar del tratado que lo había declarado ilegítimo. Carlos había crecido creyendo que algún día sería rey y tener su derecho arrebatado tan cruelmente por un simple bebé era más de lo que podía soportar. Si bien aún no estaba coronado oficialmente, determinó que era el rey legítimo y comenzó a reforzar las provincias centrales de Francia que aún controlaba. Un niño inglés puede haber sido el rey oficial de Francia, pero la guerra continuó. Dirigido por el conde de Salisbury, el ejército inglés estaba decidido a arrebatar el último territorio de Carlos de su desesperado control. Derrotaron a una enorme fuerza francesa en la batalla de Verneuil en 1424, una lucha que se hizo misteriosamente eco de la batalla de Agincourt. Ciudad tras ciudad cayó, y Carlos fue burlonamente conocido como el "rey de Bourges" ya que eso era todo lo que tenía bajo su control.

Francia estaba prácticamente perdida. Sin embargo, la inocente pequeña Juana de Arco estaba a punto de experimentar el primer evento que tarde o temprano la vería transformada en la heroína de Francia.

* * * *

Fue en 1425 cuando Juana experimentó por primera vez lo que realmente significaba la guerra. Una niña de trece años en ese momento estaba en el umbral de la edad adulta, sin embargo, la mayor parte de su tiempo estaba ocupada con tareas domésticas ordinarias y actos simples de devoción cotidiana que no parecían ser otra cosa que lo cotidiano. El territorio que rodeaba a Domrémy había sido capturado por el ejército inglés, que había sido descuidado para pasar a batallas más importantes; la misma Juana había visto muy poco de la batalla. Los ingresos de su padre eran estables y, hasta lo que Juana sabía, la aldea bien podría haber estado viviendo un momento de paz.

Pero no prevaleció. Enrique de Orly, un despiadado mercenario, tenía un castillo cerca. En estas últimas décadas de la guerra, ni los ingleses ni los franceses fueron realmente capaces de pagarles a sus soldados; en cambio, la mayoría de los soldados recurrieron al saqueo del campo circundante para obtener una recompensa por sus servicios. Enrique fue el peor de ellos. Leal a nadie excepto a sí mismo, aprovechó un país desgarrado por la guerra para vivir una existencia descuidada como un saqueador libre. Se alió con quien fuera más ventajoso para él en ese momento y estaba mayormente ocupado en obtener el botín para sí mismo. Y un día, decidió que su próximo botín vendría de Domrémy. Acompañado por su salvaje grupo de mercenarios, descendió sobre el pequeño pueblo, sembrando el terror en las calles. Los aldeanos en pánico apenas sabían a dónde huir; esperaban que quemara las casas, pero quedarse afuera significaba que serían despedazados con una espada. Había un castillo cercano donde podían buscar refugio, pero Enrique llegó demasiado rápido. La pequeña y pacífica aldea de Juana se llenó repentinamente de hordas de aullidos y carcajadas de hombres descuidados y obscenos, los cascos de sus caballos resonaban en la calle, sus espadas y armaduras brillaban al sol. La gente en pánico corría en todas las direcciones. Pero Enrique no buscaba la vida de los campesinos. Iba tras su ganado. Recogiendo hasta lo último del ganado en la aldea, se dirigió de regreso a su castillo con todos ellos, dejando vivos a los campesinos, pero despojados de sus medios de mantenerse a sí mismos y a sus familias.

Los aldeanos apelaron al conde de Vaudemont, quien rápidamente derrotó a Enrique y devolvió el ganado a sus legítimos dueños. Se evitó el daño real, pero el daño se hizo a la psique de los campesinos asustados. Aunque Vaudemont servía a los ingleses, los campesinos decidieron que la guerra era directamente responsable de la tragedia que habían sufrido. Se llegó a un consenso común entre ellos de que no habría paz y tranquilidad hasta que los ingleses fueran expulsados de Francia de una vez por todas.

Es probable que la profecía se mencionara una y otra vez en el pueblo en este momento, y que muchos de los aldeanos habían colocado sus esperanzas en una heroína montada en un semental blanco. En cuanto a Juana, tal vez esperaba lo mismo. De cualquier manera, con el ganado traído de vuelta, ella regresó a su vida cotidiana de realizar sus deberes.

Una de estas tareas era cuidar el jardín de su padre. Era una franja de tierra entre la casa de Juana y la iglesia donde ella siempre asistía a misa, y como uno de los mayores en la casa, se esperaba que Juana la atendiera bien. Un sofocante día de verano, Juana estaba trabajando duro en el jardín. El sol brillaba alto en el cielo, y el sudor goteaba por su joven frente mientras se inclinaba sobre la vasta tierra. Un destello de luz junto a la iglesia llamó su atención. Hizo una pausa y se frotó los ojos, que le ardían por el sudor. ¿Fue solo el reflejo de la luz solar lo que causó la repentina explosión de resplandor? Sin embargo, algo dentro de ella la llevó a mirar de nuevo, algo extrañamente emocionante que la asustó un poco. Ella tragó saliva, mirando a su izquierda, y fue entonces cuando lo vio. Una luz cegadora llenó el jardín, un resplandor deslumbrante que nunca había visto antes. Envuelta en los rayos de luz, vio a un ángel, una figura imponente, reluciente con una armadura de bronce, con alas extendidas que se alzaban sobre sus hombros. Era tan aterrador como hermoso, y Juana habría huido si hubiera creído que podía hacerlo. En cambio, arraigada en su lugar, ella solo lo miró mientras sus alas se abrían de par en par, llenando su mundo.

Ella no tuvo que preguntarle al ángel quién era. Era tan grande, tan brillante y poderoso que solo pudo haber sido Miguel, el arcángel. Se ergio sobre ella con deslumbrante esplendor, y ella solo podía mirar. Pronto, dos figuras más aparecieron a su lado, ambas hermosas mujeres jóvenes, y Juana las reconoció de inmediato. La primera fue Santa Catalina de Alejandría, una princesa valiente que había desafiado al emperador romano Majencio cuando comenzó a perseguir a los cristianos; Majencio había intentado todo para obligarla a renunciar a su fe, desde amenazarla de pena de muerte hasta ofrecerle casarse con ella, pero nada había funcionado. Catalina había sido decapitada como una simple adolescente, muriendo como una virgen desafiante, una mujer joven que se negó a permitir que su fe se rompiera.

La otra era Santa Margarita de Antioquía. Al igual que Catalina, Margarita era una mártir adolescente, hija de un sacerdote pagano que rápidamente la repudió cuando se convirtió en cristiana. Un gobernador romano intentó casarse con ella, pero ella también se aferró a su fe y virginidad. Fue torturada y asesinada a una edad temprana.

Si bien es incierto dónde Juana podría haber aprendido sobre estas dos mujeres jóvenes, su aparición en su primera visión fue algo inquietantemente profético. Ella no sabía cuán similar era el camino que debía seguir algún día. Era solo una niña de trece años que miraba los rostros de los santos y los ángeles en silencio. Los santos estaban lejos de las adolescentes andrajosas que habían sido asesinadas por su fe; ahora, llevaban espléndidas coronas doradas, adornadas con joyas, y sus rostros estaban radiantes a la vista.

Aterrorizada, Juana cayó de rodillas. Los santos se apresuraron a asegurarle que Dios les había enviado. Continuaron diciéndole que Dios había puesto un alto llamado en su vida, le había otorgado un excepcional deber que cumplir, no ahora sino pronto. Quería que ella expulsara a los ingleses de Francia. Y él quería que ella llevara al Delfín a Reims y lo coronara rey.

Entonces los santos se fueron. Juana se percató de que estaba sentada inmóvil en el jardín, con lágrimas cayendo por sus mejillas. No lloró con miedo, sino con una especie de asombro a los santos que acababa de contemplar y el peso de sus palabras para ella. No sabía por qué acudirían a ella, a la pequeña Juana de Arco, una campesina analfabeta que vivía en las afueras de Francia, pero de una cosa estaba segura: lo que Dios le indicó que hiciera, ella lo haría.

Capítulo 4 - La Duda de Baudricourt

Durante los siguientes tres años, los santos continuaron visitando a Juana mientras crecía en la casa de su padre. Casi todos los días, la luz divina llenaría la visión de Juana, y escucharía sus voces diciéndole nuevamente que necesitaba coronar al Delfín, que iba a liderar el ejército que finalmente le daría a Francia la victoria sobre los ingleses. Todos los días, ella se acostumbró cada vez más a los santos e incluso comenzó a conversar con ellos. Sin embargo, durante tres años, Juana permaneció en la casa de su padre y no se lo dijo a nadie.

Como ahora estaba llegando a la mitad de su adolescencia, Juana habría sido considerada en edad para casarse. Su padre, Jacques, probablemente ya estaba buscando un pretendiente que pudiera darle a Juana una existencia estable y cómoda. Pero el propio Jacques estaba a punto de tener un sueño, uno que aterrorizaría el corazón de cualquier padre.

Una noche, antes de que Juana comenzara a considerar abandonar la casa, Jacques tuvo un sueño. En él, vio a su gentil y encantadora hija montada en un caballo y saliendo de su aldea con un grupo de hombres de aspecto rudo: sabía que debían ser soldados. Jacques despertó con el ceño sudoroso y un corazón palpitante. No podía ser. Seguramente no su Juana, su dulce y devota niña. En ese momento, la profecía era lo más alejado de la mente de Jacques; Juana era solo una joven campesina, no salvadora de la nación. En cambio, Jacques asumió que lo que había visto en su sueño era Juana uniéndose al ejército como prostituta. El sueño fue lo suficientemente inquietante como para que él les dijera a sus hijos que, si alguna vez se hacía realidad, ellos debían ahogar a Juana en lugar de dejarla venderse de esa manera.

El sueño de Jacques pronto se haría realidad, pero no en la forma en que pensaba. Juana se iba a ir. Y ella se iba a ir en una búsqueda de pureza y poder.

* * * *

En toda Francia, las cosas nunca habían parecido más desoladoras para el desheredado Delfín. En agosto de 1428, los ingleses, liderados principalmente por el conde de Salisbury, habían desembarcado en Calais. Junto a los aliados de Bedford, el ejército inglés había aumentado a una fuerza de diez mil hombres. Sus intenciones eran claras: iban a expulsar a cualquiera que se atreviera a oponerse al joven rey Enrique VI, reclamar los territorios a los que Carlos todavía se aferraba y convertir a Francia en una colonia inglesa de una vez por todas.

En pocas semanas, varias ciudades francesas habían caído ante la horda inglesa. Chartres, Janville, Meung, Beaugency, Jargeau, no tenían ninguna posibilidad. Uno por uno, todas cayeron a los pies del conde, y él fijó su vista en Orleans.

Nunca podría haber adivinado cómo terminaría el asedio de esa ciudad.

* * * *

En mayo de 1428, cuando la campiña francesa florecía con los vivos colores de la primavera, las voces de Juana comenzaron a hablarle con mayor intensidad. Llevaban mucho tiempo insistiéndole que era hora de ir a conocer al Delfín, y Juana, al ver lo absurda que era la idea, había estado dudando. Pero las voces insistieron, diciendo que era la voluntad de Dios que ella necesitaba ir a salvar a su nación.

La instaron a que el Señor la hubiera elegido por una razón. Si algún duque o noble iba a cabalgar y reclamar Francia, entonces sería evidente que la lucha había sido ganada por un hombre, pero si una simple campesina como Juana lo lograba, la gloria solo podría ser para Dios. Tenía sentido, y Juana finalmente se percató de que ya no podía resistir las voces.

Sabía que el cuartel más cercano que permaneció leal a Carlos estaba en Vaucouleurs, una ciudad a unos diecinueve kilómetros de Domrémy. Una vez que accedió a su misión, las voces le indicaron que debía acudir allí y apelar a Roberto de Baudricourt, el capitán del cuartel, para una audiencia con el Delfín y un pasaje seguro a Chinon, donde estaba establecido en ese momento. El primo hermano de Juana, Durand Laxart, residía a unos pocos kilómetros de Vaucouleurs. Al decirle a sus padres que quería ir a visitarlo, Juana logró convencer a Durand de que fuera a buscarla a Domrémy para una visita con él y su esposa, su prima Jeanne Laxart.

Durante el viaje, Durand pudo sentir que había algo diferente en la joven Juana. Algo había cambiado en el azul brillante de sus ojos; había una presencia en ella, un resplandor que no podía distinguir. Sin embargo, no preguntó, concentrándose en el camino mientras su caballo los llevaba rápidamente hacia su casa. Finalmente, no está claro si esto sucedió durante el viaje o en la casa de Durand, Juana se sinceró y habló de sus visiones por primera vez. Reuniendo su valor, le dijo a Durand que necesitaba ir "a Francia" (refiriéndose al centro de Francia, el área aún gobernada por el Delfín).

"¿Por qué?", preguntó su primo hermano, sabiendo que el centro de Francia era una zona de guerra.

"Necesito coronar al Delfín en Reims", respondió Juana con calma.

Durand la miró, preguntándose si sabía lo ridículas que eran sus palabras. Pero esos ojos azules permanecieron tan serenos como piscinas de agua profunda mientras lo estudiaba, su voz firme y segura. "¿No se ha dicho", agregó, "que Francia sería arruinada por una mujer y luego restaurada por una virgen?"

Durand no sabía qué decir. Sabía tan bien como cualquier francés que Isabel había renunciado por escrito a su propio país, y había escuchado la profecía una y otra vez. Sin embargo, nunca había imaginado que esta salvadora virgen podría venir de un lugar como Domrémy, que podría ser una joven campesina, quien podría ser, su propia prima Juana de Arco.

Ella continuó diciéndole que tenía que llegar a Vaucouleurs y a Roberto de Baudricourt. Y tal vez fue el fuego en sus ojos o tal vez la desesperación en el corazón de Durand, pero decidió creerle. Él prometió que la llevaría a Vaucouleurs y le llevaría a esa audiencia con el capitán, sin importar lo insensato que lo hiciera parecer.

* * * *

Roberto de Baudricourt era capitán del cuartel de Vaucouleurs. Vaucouleurs, un pueblo pequeño, era tan familiar para el capitán de veintiocho años que conocía casi todas las caras que vivían ahí. Ciertamente reconoció a Durand Laxart, pero en cuanto a la chica que lo seguía, ella era una extraña para él. Había algo etéreo en ella mientras se acercaba. Llevaba un vestido rojo desgarrado y andrajoso, algo descolorido que se había reparado varias veces; su cuerpo era delgado, sus rasgos demacrados, pero esos ojos. Eran de un tono azul casi indefinible, y la luz dentro de ellos hizo que Roberto mirara por unos momentos mientras Durand pasaba. Cuando los ojos de la joven se posaron en él, se detuvo, su rostro se iluminó en reconocimiento a pesar de que Roberto sabía que nunca la había visto antes. Tomó el brazo de Durand y señaló, y se dirigieron hacia Roberto.

Durand presentó a Juana como su prima que se había quedado con él durante un tiempo. Desconcertado, Roberto le preguntó qué quería, esperando que tuviera alguna insignificante petición que le fuese fácil rechazar. En cambio, la joven habló con una claridad y una fuerza que él no había esperado.

"He venido a usted por parte de mi Señor", afirmó, "para que pueda enviarle un mensaje al Delfín, para que se aferre y no cese la guerra contra sus enemigos".

Roberto parpadeó. Era solo un noble menor, uno que probablemente nunca había intercambiado una sola palabra con el Delfín, y mucho menos le había indicado qué hacer. Antes de que él pudiera exigir quién pensaba Juana que era ella, o quién creía que era él para tener ese tipo de autoridad, continuó. "Antes de mediados de la Cuaresma, el Señor le enviará ayuda", le dijo. "En verdad, el reino no pertenece al Delfín, sino a mi Señor".

Enfurecido, Roberto la fulminó con la mirada. Era uno de los últimos leales al Delfín que quedaban en una de las últimas ciudades de la zona que aún se atrevería a expresar su alianza con él en lugar de someterse a los anglo-borgoñones. Estaba a punto de reprenderla por suponer que nadie más que el Delfín Carlos podría ser coronado rey cuando ella interrumpió. "Pero mi Señor quiere que el Delfín sea coronado rey y tenga el reino bajo [su] mando. A pesar de sus enemigos, el Delfín se convertirá en rey". Ella levantó la barbilla, con su mirada repleta de orgullo, pero tan segura como el acero. "Y soy yo quien lo conducirá a la coronación".

Roberto hizo todo lo posible para no estallar en carcajadas. Esta chica campesina humilde parecía creer realmente que iba a coronar al Delfín, a pesar del hecho de que nunca hubiera podido ni contemplar su rostro con su bajo estatus. "¿Y quién es este Señor suyo?", preguntó.

"Dios", respondió Juana simplemente.

Roberto sacudió la cabeza con un resoplido burlón. Dirigiéndose a Durand, dijo: "Lleve a esta chica de regreso a su padre y repréndala". Luego los despidió con un movimiento de su mano.

* * * *

Juana quedó inmediatamente consternada por la reacción de Roberto a su petición. Decepcionada, le pidió a Durand que la llevara de regreso a casa con su padre. Con el corazón roto por la infelicidad de su prima, asombrado por su capacidad de reconocer de alguna manera a Roberto a pesar de que nunca lo había visto antes, y molesto por la reacción de Roberto, Durand la llevó de regreso a casa a Domrémy.

Esa podría haber sido la última vez que alguien haya oído hablar de Juana de Arco. Pero las cosas iban a empeorar en la guerra y en la vida cotidiana en Domrémy, un giro que inspiraría a Juana a volver a Vaucouleurs. Y esta vez, ella tendría ayuda.

Capítulo 5 - Una Predicción de Derr

Ilustración II: Orleans del siglo XV

Después de conquistar a Meung el 8 de septiembre de 1428, el conde de Salisbury sabía que estaba listo para aprovechar su ventaja. Había un último obstáculo importante entre él y el centro de Francia que estaba controlado por el Delfín. Ese obstáculo era el río Loira, y estaba custodiado por la ciudad de Orleans. También en ese momento, la capital del ducado de Orleans tenía una importancia política y estratégica. Derribarlo sería derrumbar el último muro que se interponía entre los ingleses y el corazón de Francia, y si Orleans caía, el reclamo del Delfín al trono estaría perdido.

La ciudad misma se construyó en la costa norte del Loira, y la única forma de acceder a ella era a través de un puente custodiado por una caseta de vigilancia llamada Les Tourelles. Fue en el Tourelles donde el conde de Salisbury lanzó su primer ataque el 12 de octubre de 1428. El asedio de Orleans había comenzado. Y si esa ciudad cayera, Francia estaría condenada.

* * * *

Justo antes de que comenzara el asedio, Juana había comenzado a sentir los efectos de la guerra una vez más.

Unas semanas después de su regreso a Domrémy, los ingleses y los borgoñones decidieron que los Vaucouleurs, en su insignificante desafío, eran una espina en el costado que ya no tolerarían. Puede haber sido un pueblo pequeño, pero era leal al Delfín, y era hora de vencer a sus habitantes y a los aldeanos de los alrededores. La primera advertencia que tuvo Juana fue el sonido ensordecedor de la campana de la iglesia al lado de su casa. Su sonido, normalmente tan melodioso, ahora era un sonido cacofónico cuando el campanero tiró de la cuerda desesperadamente, haciendo sonar una fuerte advertencia por las calles de Domrémy. La familia de Arco no tuvo más remedio que huir. Llevando a Juana con ellos, tuvieron que conducir su ganado a través del territorio abierto hasta el fortificado Neufchâteau, donde se vieron obligados a buscar refugio en una posada.

Cuando el ejército se fue, Juana y su familia regresaron a una Domrémy en ruinas. Los campos y las casas fueron dañados por el fuego y destrucción sin sentido. A los ingleses no les había importado lo pacíficos que eran los campesinos de Domrémy; pertenecían a los franceses y, por lo tanto, eran enemigos, por muy poco involucrados que estuvieran realmente en la guerra. Lo peor de todo, habían quemado la iglesia. La vista rompió el corazón de Juana. Sus santos nunca habían dejado de instarla a regresar a Vaucouleurs y encontrar su camino hacia el Delfín, y tan pronto como terminó la lucha en las inmediaciones, eso fue exactamente lo que hizo.

* * * *

Había algo definitivo en la segunda partida de Juana del pueblo donde había crecido. Su corazón se desgarró por dejar a sus padres y aún más por la mentira que les dijo: que ella se iría para actuar como enfermera y ayudante para Jeanne Laxart, que esperaba un bebé. En verdad, parte del alma de Juana sabía que nunca volvería a ver a la idílica Domrémy. La vio desvanecerse en la distancia, su pequeña iglesia pintoresca, sus campos nevados, su hermoso bosque, el jardín donde había escuchado las voces por primera vez, y sabía en su corazón que nunca volvería.

Era enero de 1429. El asedio de Orleans había estado enfurecido durante tres meses, y todavía no existía un final a la vista. Los refuerzos franceses habían podido atravesar las líneas inglesas, permitiendo que la ciudad resistiera mucho más de lo esperado. La muerte del conde de Salisbury había sido un revés para Inglaterra, pero fue reemplazado por el conde de Suffolk, y el asedio continuó sin inmutarse. Durante meses, pequeñas escaramuzas habían brotado por todas partes en toda la ciudad, pero en general había llegado a un estancamiento, con los franceses obstinadamente arraigados dentro de las murallas y los ingleses firmemente establecidos fuera de ellas. Todo el centro de Francia residía en un limbo incierto, con el poderío de los ingleses acampando a solo 120 kilómetros de la capital administrativa de Bourges.

Juana desconocía los detalles. Los rumores entre los campesinos probablemente le habrían indicado que se había puesto un asedio a Orleans, pero aparte de esto, nadie le habría dado mucha información a una joven campesina ignorante. Sabía que las voces la instaban cada vez más intensamente a volver a Vaucouleurs, y eso era suficiente para ella.

Al llegar a Vaucouleurs, Juana se alojó con la familia Leroyer, donde trabajó como sirvienta de Henri y Catherine Leroyer. Fue aquí donde realmente llamó la atención de Jean de Metz. Jean, uno de los escuderos de Roberto, había estado presente durante su primer encuentro con Roberto, y algo sobre la brillante presencia de la joven lo inspiró. Cuando la vio dirigiéndose hacia el cuartel una vez más, supo que tenía que hablar con ella.

Al acercarse, esperaba que ella lo reconociera desde su primer encuentro con Baudricourt. "¿Qué hace aquí, mi amiga?", preguntó. Repentinamente nervioso ante sus inocentes ojos azules, Jean buscó a tientas, tratando de hablar un poco. La guerra fue lo primero que le vino a la mente; había estado sucediendo durante tantas décadas que hablar sobre la guerra era como hablar sobre el clima. "¿Debe el rey ser expulsado del reino?", dijo conversacionalmente. "¿Y debemos ser ingleses?"

Juana lo analizó por unos segundos. Sus ojos estaban completamente serenos mientras hablaba. "He venido a esta ciudad real para hablar con Roberto de Baudricourt", dijo.

Jean no estaba sorprendido. Él sabía, a pesar de la derrota en sus ojos la última vez que se encontró con su líder, que Juana no se rendiría tan fácilmente. Ella continuó explicando nuevamente que necesitaba que Roberto la llevara al rey, pero que él no se había tomado en serio sus palabras. "Sin embargo, antes de la mitad de la Cuaresma, debo estar con el Rey", dijo. "No hay que esperar socorro salvo de mí".

La tranquila confianza en sus palabras tomó a Jean por sorpresa. Él la analizó, preguntándose cómo esa joven campesina desgastada por el trabajo podría haber llegado a esta conclusión. Agregó que preferiría haberse quedado en casa, hilando lana con su madre, pero que tenía que ir al rey "porque mi Señor quiere que así lo haga".

La forma en que pronunció el nombre del Señor resonó con autoridad. Al mirar su porte, la completa falta de arrogancia en la forma en que se sostenía, y en la absoluta convicción en su tono, Jean supo que estaba diciendo la verdad. De alguna manera, Dios había elegido a esta chica, este pedazo de nada frente a una sociedad altiva, para salvar a la nación de Francia del merodeador inglés. Él extendió la mano, tomando su pequeña mano entre las suyas. Estaba áspera y rígida por el trabajo manual. "Con la guía de Dios, lo prometo, te llevaré al Rey", afirmó.

* * * *

Jean y otro caballero y simpatizante de Juana, Bertrand de Poulengy, lograron asegurar otra audiencia con Roberto. Aunque Roberto estaba dudoso, no podía olvidar la luz en los ojos de la joven con sus insensatas afirmaciones que lo habían visitado la primavera pasada. Ahora ella había regresado, en la frescura del 12 de febrero de 1429, y Roberto se estaba desesperando. Vaucouleurs había sufrido durante la guerra, Orleans estaba asediada y Francia estaba casi perdida. No podía hacer daño escuchar a esta pequeña lunática.

Al encontrarse con Roberto, Juana le dijo, nuevamente, lo que quería de él: que la llevaran a salvo a través del territorio enemigo para encontrarse con el Delfín. Luego agregó que las fuerzas del Delfín estaban a punto de sufrir una terrible derrota.

Mientras Juana hablaba con Roberto, a cientos de millas de distancia, en una gran llanura cerca de Rouvray, se escuchó el estallido de la pólvora y el sonido de las balas de cañón que se lanzaron por el aire. 1.600 ingleses se zambulleron para cubrirse mientras las balas de cañón golpeaban su vagón. Había sido arrastrado a una improvisada formación defensiva, con puntas afiladas hundidas en la tierra alrededor del vagón en un intento por detener a los franceses, pero los ingleses sabían que había dos veces más hombres en el ejército franco-escocés atacante como en este tren de equipaje. Los vagones se separaron, los suministros cayeron al suelo: barriles de arenque, pilas de artillería. La esperanza saltó a los corazones del ejército francés. Si pudieran evitar que este tren de equipaje llegara a Orleans, el asedio podría haber terminado.

"¿Qué?" Roberto miró a la chica. "¿Qué quieres decir?"

"Los armamentos del Delfín han sufrido hoy un gran revés cerca de Orleans", repitió Juana.

Era una locura, pensó Roberto. Sin embargo, la tranquila convicción en sus ojos lo paralizó hasta la médula.

Hubo un grito de consternación de los franceses. La parte escocesa de su ejército estaba atacando, sobreexcitada por el daño que los cañones habían infligido a los ingleses. Los franceses tuvieron que cesar el fuego, y los ingleses se levantaron, disparando con ballestas y arcos largos detrás de sus vagones. Las filas escocesas se derrumbaron, los hombres murieron en todas las direcciones. Los franceses se vieron obligados a dirigir una carga de caballería que sabían que sería ineficaz contra los arqueros ingleses. Tenían razón. En minutos, los ingleses lideraron un contraataque, y los franceses y escoceses fueron derrotados ignominiosamente.

"Largo de aquí", le ordenó Roberto a Juana. "Vete".

* * * *

Unos días después, la noticia llegó a Vaucouleurs. El ejército franco-escocés había intentado impedir que un tren de equipaje llegara a Orleans y fracasó atrozmente, perdiendo aproximadamente seiscientos hombres, mientras que los ingleses perdieron solo cuatro. Fue una derrota humillante, desde entonces conocida como la Batalla de los Arenques.

Cuando Roberto escuchó la noticia y escuchó que la pelea había tenido lugar el mismo día de su reunión con Juana, supo que su predicción había sido cierta. Y si eso era cierto, tal vez también era cierto que ella era la salvadora de Francia.

La llamó a su cuartel y le indicó que la enviaría a Chinon con Jean y Bertrand. Sus palabras eran las de un hombre desesperado, todavía dudoso, pero incapaz de encontrar otro rastro de esperanza al cual aferrarse. "Ve", le dijo. "Y que pase lo que tenga que pasar".

Capítulo 6 - Una Audiencia Con El Rey

El camino a Chinon estaba repleto de peligros. La corte de Carlos estaba a casi 500 kilómetros de Vaucouleurs, una distancia que tomaría por lo menos una semana de dura cabalgata, pero esa era la menor de las preocupaciones de Jean y Bertrand al considerar la mejor forma de escoltar a su joven e inocente cargo a la corte del Delfín. La verdad era que Vaucouleurs y sus aldeas circundantes eran algunos de los territorios más aislados que quedaban bajo el control francés. Para llegar a Chinon, tendrían que cruzar una vasta extensión de territorio enemigo, traspasando efectivamente las tierras del infante rey inglés. De alguna manera tenían que llegar a Chinon sin atraer la atención del enemigo, lo que habría sido lo suficientemente difícil para un grupo de hombres, y mucho menos para unos pocos caballeros que custodiaban a una joven vulnerable que no tenía experiencia en la guerra y, al parecer, poca comprensión del peligro.

Junto con el pueblo de Vaucouleurs, que había notado las repetidas visitas de Juana a Roberto y se había enterado por los rumores de su cruzada, Jean y Bertrand decidieron que la forma más segura de llevar a Juana a Chinon sería disfrazarla como hombre. Juana estuvo de acuerdo de buena manera con la idea, a pesar del hecho de que el travestismo era ampliamente considerado como un crimen atroz en esa época; sin embargo, Juana y todas las personas con las que habló pensaron que era una precaución normal y necesaria contra el ataque de aquellos que querrían llevársela y salirse con la suya. Por suerte para Juana, se había convertido en una sensación en Vaucouleurs. Conocida durante mucho tiempo como una chica virtuosa y amable, aunque un poco peculiar, se había convertido repentinamente en la esperanza de los desesperados. El mero hecho de que Roberto estuviera dispuesto a enviarla a Chinon le otorgó credibilidad ante los ojos de la gente. Creían que ella los salvaría y al resto de su nación de los ingleses, y harían cualquier cosa por ella. Prepararle algo de ropa adecuada para el viaje era lo menos que podían hacer.

Mientras esto sucedía, Jean se alejó y compró un caballo. La gente de Vaucouleurs le regaló a Juana una espada y también la ropa, estaba correctamente disfrazada de caballero cuando partió con su reducido séquito: Jean, Bertrand y otros dos hombres armados. Bertrand pagó el viaje. Salieron de Vaucouleurs el 23 de febrero de 1429, comenzando su peligroso viaje a través de un área que estaba controlada por los borgoñones en ese momento.

Durante diez días, Juana y sus compañeros cabalgaban de noche y dormían de día, usando pequeñas veredas y caminos olvidados para evitar ser detectados por sus enemigos. Debe haber sido una experiencia inusual y nueva para la joven inocente Juana, montando un caballo fuerte y animado entre un grupo de soldados rudos. Es poco probable que haya montado mucho considerando el bajo estatus de su familia; ella nunca hubiera usado nada como las calzas (pantalones ajustados) en las que se encontraba ahora. Todo habría sido nuevo e incómodo para ella, y estaba viajando más en un día que nunca en toda su vida. Sin embargo, sus dos guardianes testificarían más tarde que ella seguía siendo dulce y gentil. Ni una sola maldición pasó por sus labios, ni se condujo con otra cosa que no fuera la confianza tranquila. Incluso los guerreros experimentados temían por sus vidas mientras atravesaban el peligroso paisaje, pero Juana no mostró miedo. Ella les dijo que era la voluntad de Dios que ellos llegaran a Chinon, y llegarían a Chinon.

Juana también debía gran parte de su seguridad a los dos caballeros que tan fervientemente creían en ella. Nunca se apartaron de su lado. Por la noche, ella dormía a salvo entre los dos, que preferirían haberse cortado la cabeza que poner un dedo sobre la joven doncella que yacía tan cerca.

Lo único que realmente molestó a Juana durante el viaje fue que deseaba ir a misa. Como las iglesias estaban ocupadas por los ingleses y existía algún riesgo de que los caballeros franceses hubieran sido identificados, esto era imposible.

Finalmente, el 6 de marzo de 1429, llegaron por fin a Chinon, completamente ilesos. El peligroso viaje había terminado. Pero ahora, Juana no tenía que hacer más que convencer a un humilde capitán de la guardia para que le permitiera pasar a Chinon. Tenía que conseguir una audiencia con el mismo Delfín.

* * * *

El Delfín Carlos era un hombre desesperado. A pesar de tener solo veintiséis años, le habían quitado todo. Habiendo crecido en una casa con un padre con enfermedades mentales cuyos disturbios eran, por turnos, humillantes y peligrosos, la gran esperanza de Carlos había sido saber que algún día sería rey, un rey mejor que su demente predecesor.

Luego vino el terrible golpe que le dio su propia madre, Isabela. Apoyando los rumores que decían que Carlos era un producto ilegítimo de una aventura entre Isabela y su tío Luis, ella le cedió el derecho de nacimiento de su propio hijo a su mayor enemigo. La amargura era terrible, y Carlos sabía que, a pesar del hecho de que se veía a sí mismo como el legítimo rey de Francia, tenía pocas esperanzas de reclamar su trono. Los ingleses estaban en su umbral. No pasaría mucho tiempo antes de que su ejército cayera y su país perteneciera a un bebé inglés.

De hecho, Carlos había perdido toda esperanza. Permaneció en Chinon, observando el progreso de la guerra con una sensación anestesiada de inevitable derrota. Estaba condenado. Siempre lo había estado.

Se encontraba en este estado cuando uno de sus cortesanos vino a informarle que una joven desconocida acababa de llegar a Chinon; una simple campesina, vestida de joven, con una espada y montando a caballo. Su nombre, le dijo el cortesano, era Juana de Arco. Ella dijo que iba a salvar a la nación de Francia. Ella afirmó que Dios la había enviado.

Al principio, Carlos quería reír. Pero de alguna manera, la idea despertó un destello de interés en él. No le quedaba nada que perder: le habían quitado todo. Escuchar a esta chica era una medida desesperada, pero él era un hombre desesperado. Sin embargo, ella tendría que demostrar que realmente tenía ayuda divina. Decidió que iba a vestirse como un cortesano ordinario y que luego llevaría a Juana a una habitación repleta de hombres vestidos de manera similar. Si ella pudiera identificarlo, él le otorgaría una audiencia personal. Esta era una época anterior a las fotografías; en Francia, en tiempos de guerra, una joven campesina que provenía de cientos de kilómetros de distancia no tendría idea de cómo era el Delfín.

Todo se hizo como Carlos ordenó. Todos los cortesanos se reunieron, un poco desconcertados al ver a su Delfín vestido como ellos, y a otro cortesano se le indicó que pretendiera ser el rey una vez que Juana había hecho su selección. Vagamente aburrido y apático, Carlos esperó la aparición de esta chica que afirmaba que los santos estaban hablando con ella.

Las puertas se abrieron y Juana apareció. Carlos fue impactado por ella de inmediato. Su cabello había sido cortado bruscamente, pero no había forma de ocultar su figura esbelta y sus ojos brillantes. Había algo en ella que atraía su atención, y todos los ojos estaban puestos en la joven mientras entraba en la habitación, sus ojos deambulando por las líneas de cortesanos. Parecía enfocada en su interior de alguna manera, como si escuchara algo que solo ella podía escuchar. Una leve sonrisa apareció en sus labios mientras miraba cara a cara. Cuando sus ojos enfocaron en Carlos, sucedió lo increíble. Sus ojos se agrandaron en reconocimiento, y se apresuró hacia él, con los ojos fijos en él por un momento impresionante. Luego cayó de rodillas y le rodeó las piernas con los brazos. Su agarre tenía la fuerza de una chica que había pasado toda su vida trabajando. "¡Dios le brinde una vida plena, dulce Rey!", exclamo.

Carlos estaba pasmado, pero logró mantener la calma. Alejándose de ella, la reprendió, diciéndole que no era un rey. Aunque estaba conmocionado, el cortesano que había sido designado para desempeñar el papel del Delfín dio un paso adelante y dijo que era el rey de Francia. Pero Juana no se dejaría engañar. Ella continuó manteniéndose cerca de Carlos, repitiendo una y otra vez que él era el rey, que sus voces le habían dicho eso.

Asombrado, Carlos hizo con gusto lo que había acordado hacer: le concedió una audiencia privada. Tal vez, solo tal vez, el Dios que sentía que lo había abandonado por toda su vida finalmente había decidido tener piedad, y si eligió hacerlo a través de esta joven campesina al azar, Carlos, aunque era de la realeza, no estaba en condiciones de discutir.

Capítulo 7 - El Camino a Orleans

Ilustración III: Juana con su armadura y su famoso estandarte

Los detalles de la audiencia privada de Carlos con Juana nunca han sido conocidos por nadie, excepto por Carlos y Juana. Algunas fuentes indican que Juana le contó sobre una oración privada, algo intensamente personal y un secreto que nunca había compartido con nadie. Según algunos, esta oración involucró el reclamo de Carlos al trono, pero en ella, el Delfín derrotado no le pidió al Señor que le otorgara al trono. En cambio, paralizado por inseguridad, Carlos le suplicó a Dios que le castigara en lugar de a todas las personas si realmente era un heredero ilegítimo. La pregunta lo había estado atormentando durante años. No tenía idea de si realmente era producto de una unión legal entre el rey y la reina; tal vez era ilegítimo después de todo, el resultado de una reina engañosa y un hermano deshonesto. Sin embargo, no podía decirle a su gente que incluso él dudaba de su propia legitimidad. Solo podía decirle esto a Dios, y lo hizo en una oración sincera, derramando su miedo y agonía en privado.

Excepto que Juana lo sabía. Ella le contó todo al respecto, y le aseguró que él era el rey legítimo, que después de todo, era la sangre de Carlos el Demente en sus venas, y que era la voluntad de Dios que él ascendiera al trono.

Sin embargo, todo esto es especulación. La misma Juana se mantuvo callada por el resto de su vida sobre esta reunión, negándose a revelar detalles confidenciales. Una cosa es indiscutible: Juana impresionó al Delfín que dejó pocas dudas en su mente de que Dios realmente la había enviado, y que ella realmente tenía el potencial de salvar a Francia de su enemigo abrumador.

Los asesores del Delfín no se convencieron tan fácilmente, a pesar del hecho de que después de su reunión con Juana, Carlos era un hombre diferente. Lo que ella le había dicho, lo dejó radiante, brillando con una nueva valentía y convicción que ellos sabían prometía ser beneficioso para las personas que estaban desesperadas por un líder valiente y motivado. Sin embargo, sabían que había que tener precaución. Si Juana resultara ser una bruja o una hereje, toda la cuestión de la legitimidad de Carlos se plantearía una vez más, incluso si pudiera recuperar su trono.

Siguiendo su consejo, Carlos decidió que Juana sería enviada a Poitiers, el último establecimiento teológico aún bajo el control del Delfín, para ser examinada a fondo. Llegó allí el 11 de marzo de 1429, solo unos días después de su audiencia con el Delfín, y se quedó con el defensor de Carlos en el Parlamento. Algunos de los principales teólogos que quedaban en Francia estaban allí para llevar a cabo el interrogatorio, incluidos los doctores en teología, abades, obispos y varios consejeros con formación en derecho. Si hubiera una mancha en el carácter de Juana o una razón para dudar de su fe, estas personas lo encontrarían.

Y así, una simple campesina analfabeta de Domrémy fue objeto de un análisis intenso por parte de algunos de los hombres más educados del país. Por mucho que Francia estaba desesperada por un héroe, o heroína, como parecía, estos hombres estaban decididos a probar a fondo si ella decía la verdad. Sabían que ella no tenía educación, que ella era, a todas luces, una simple don nadie, y sabían que las implicaciones de enviarla al frente y luego verla fracasar serían enormes. Ella podría ser la última esperanza que tenían los franceses, y si esa esperanza resultaba ser falsa, la moral se derrumbaría y la guerra ya estaría perdida. Los teólogos decidieron no mostrarle piedad e ir de frente, por simple que pareciera ser.

Rápidamente se hizo evidente que, por dulce que fuera Juana, no era tonta, ni estaba remotamente intimidada por los hombres importantes que la estaban interrogando. Ella creía firmemente que el Dios del Cielo estaba de su lado, y en comparación con Él, los teólogos no eran nada. Rápidamente comenzaron a preguntarle acerca de las voces que escuchaba, tratando de establecer si eran santos o simplemente producto de una mente perturbada. Una de las primeras preguntas, formulada por el hermano Seguin de Seguin, profesor de teología, fue sobre el dialecto que los santos le hablaron. "Uno mejor que el de usted", respondió Juana con firme calma.

Desconcertado y aún encantado de alguna manera por su valentía, Seguin la miró directamente a los ojos y le hizo la pregunta más simple de todas. "¿Cree en Dios?"

Esos brillantes ojos azules parecían mirar directamente a su alma. "En verdad", respondió ella, "¡más que usted!"

Seguin estaba sorprendido por su respuesta, pero impresionado por la forma en que lo dijo. No había orgullo en ella, solo una sólida seguridad de que no podía encontrar el camino. Él le dijo que por mucho que ella creía en Dios, no podía probar que Él realmente la había enviado a menos que ella le diera a la corte algún tipo de señal, un milagro superior para demostrar que lo que ella les decía era verdad. Durante el interrogatorio, Juana había estado afirmando que eliminaría el asedio en Orleans y coronaría a Carlos en Reims. Cuando Seguin pidió una señal, Juana cruzó los brazos en forma desafiante. "No he venido a Poitiers para mostrar señales", replicó ella. "Envíenme a Orleans, donde les mostraré las señales por las cuales me envían".

Durante las siguientes tres semanas, Juana no solo fue interrogada en la capilla de Poitiers, sino que también fue seguida y observada en secreto, ya que se determinó que su vida privada también tenía que ser impecable para ser considerada digna de la esperanza que la gente estaba tan ansiosa por colocar sobre sus hombros. Sin embargo, tanto en el interrogatorio como en la vigilancia de sus actividades diarias, los teólogos no pudieron encontrarle ningún defecto. En abril de 1429, enviaron un mensaje al Delfín. El hecho de que Juana fuera una cristiana ferviente, respetuosa en todos los aspectos morales y tan devota en su fe como valiente, era indiscutible; pero si realmente iba a poder levantar el asedio como prometió, no podían decirlo, aunque lo consideraban probable. Su sugerencia era enviarla a Orleans, y si ella perecía, entonces perecía. Si ella ganaba la batalla, mucho mejor. El Delfín la enviaría allí como prueba, como ella había solicitado.

* * * *

Durante la examinación de Juana en Poitiers, se planeaba una expedición de socorro para acudir a Orleans en un intento por liberar a la asediada ciudad de los ingleses. Una vez terminada su examinación, Juana consideró la expedición como una oportunidad ideal para dirigirse a Orleans. Teniendo en cuenta que ella había pasado la prueba con gran éxito, Carlos no tuvo más remedio que dejarla ir, aunque es probable que no se mostrara reacio a enviarla allí, creyendo, como muchos franceses, que Juana era la heroína que habían estado esperando. La doncella que todas las profecías habían predicho.

Su credibilidad recién descubierta no tardó mucho en llegar a los oídos de los ricos y nobles. Se unieron para donar todo lo que Juana necesitaba, invirtiendo su dinero en esta nueva esperanza. Se creó una armadura específicamente para ella para adaptarse a sus curvas femeninas; le dieron una espada y un semental blanco brillante, y finalmente, un estandarte. Este estandarte era algo simple: una representación de Jesús, sosteniendo el mundo en sus manos, flanqueado por dos ángeles sobre un fondo blanco, pero pronto se convertiría en el arma más poderosa en la Guerra de los Cien Años. Porque mientras no derramara sangre, todo el ejército de Francia se uniría detrás de él.

Capítulo 8 - Llegada a Orleans

Los soldados franceses sabían que estaban al borde de la derrota.

Habían estado atrapados dentro de Orleans durante casi seis meses, viendo crecer las fortificaciones inglesas, conscientes de que con cada día que pasaba sus enemigos minaban debajo de las defensas francesas, llevando sus fortificaciones lentamente más y más cerca de las murallas de la ciudad. Peor aún, durante cinco largos meses, solo un grupo de convoyes de suministros habían podido llegar a la ciudad. Es posible que los ingleses no hayan podido rodear completamente a Orleans, pero tenían fuerzas suficientes para que cualquier convoy que se acercara a él tuviera que tomar una larga ruta indirecta a través del territorio enemigo, lo que resultó en el descubrimiento y captura de diversos convoyes. Los ingleses sabían que no tenían suficientes hombres para ganar la batalla por asalto directo. Entonces, decidieron matarlos de hambre.

Estaba funcionando. Cinco meses de hambre estaban afectando la moral de los soldados. El hecho de que los convoyes ingleses lo lograran, incluso cuando un ejército significativamente más extenso se opuso, como se demostró en la batalla de Arenques, no ayudó. Soldados y ciudadanos de la ciudad tuvieron que observar cómo los ingleses festejaban felices en sus trincheras, mientras que, dentro de Orleans, la gente se acostaba con el estómago vacío.

Circulaban rumores por la ciudad de que Orleans estaba al borde de la rendición, lo que provocó una caída de la moral. De hecho,

Orleans ya había hecho una oferta de rendición al duque Felipe III de Borgoña, y fue una oferta que encontró muy atractiva. El control de la ciudad no solo permitiría a sus aliados ingleses continuar su campaña en el centro de Francia, sino que la mitad de sus impuestos irían también a Borgoña, y Borgoña podría nombrar a sus gobernadores. A principios de abril, Felipe se apresuró a París, pidiéndole al regente inglés, el duque de Bedford, que levantara el asedio para que Felipe pudiera aceptar los términos de la rendición.

El duque de Bedford se negó por completo. Le agradó la noticia de esta propuesta, sabiendo que significaba que Orleans había caído de rodillas. Todo lo que quedaba ahora era dar el golpe de gracia. Seguramente, en solo unas pocas semanas, Orleans se derrumbaría. De acuerdo con la ley y la tradición medievales, un ejército invasor podría matar a los ciudadanos de una ciudad que había resistido un asedio (y ninguna ciudad había resistido más vigorosamente que Orleans) una vez que hubiesen entrado. Sería un baño de sangre, y los ciudadanos de Orleans que quedaran serían esclavos de los ingleses. El control de Bedford sobre Orleans sería absoluto, y confiaba en que solo era cuestión de tiempo antes de que la ciudad cayera de una vez por todas.

La situación era tan grave para Francia que los asesores del Delfín Carlos le indicaban que el trono francés era una causa perdida. Abdicar y huir a Escocia era la única opción que le permitiría llevar una vida pacífica y relativamente libre; la muerte o la captura le esperaba si continuara persiguiendo la corona que era su derecho de nacimiento. Pero Carlos se negó a escuchar. Una nueva esperanza había despertado en él. Y esa esperanza se dirigía a Orleans, vestida con una armadura especial, montando un semental blanco y sosteniendo un estandarte blanco.

* * * *

Los susurros de esta misteriosa chica habían estado volando a través de Orleans durante casi dos meses. Todos decían que era virgen, una joven de las fronteras de Lorraine que había acudido a ver al Delfín y le había impresionado tanto que en ese mismo momento se dirigía a Orleans con el alivio de una expedición muy necesaria. ¿Y no indicaba la profecía que esa niña sería quien salvaría a la nación de Francia? Era la única esperanza que le quedaba a los soldados franceses, y se aferraron a ella con firmeza.

Cuando llegó la noticia de que la expedición de ayuda casi había llegado a Orleans y que uno de sus comandantes clave, Jean de Dunois, había salido a su encuentro, la emoción llenó los corazones de los soldados que esperaban. Hombres de armas y civiles comenzaron a reunirse en las calles, un murmullo de emoción recorrió la multitud. ¿Podría ser verdad? ¿Estaba ella realmente aquí? ¿Realmente Dios la había enviado, como le había dicho al Delfín? Se decía que la habían puesto a prueba en Poitiers y que ella había aprobado. ¿Estaban a punto de ser salvados?

Más rumores llenaron las calles. Los barcos habían cruzado el Loira para encontrarse con la expedición de ayuda a unos cuantos kilómetros al este de Orleans. Cuando esta misteriosa doncella subió al bote, el viento había cambiado mágicamente, y estaban navegando rápidamente y al amparo de la oscuridad de regreso a la ciudad. Afirmaban que era un milagro, aunque muchos dudaban de que la historia fuera cierta. Sin embargo, incluso ellos tenían que esperar que ella tuviera ayuda superior.

Entonces la vieron. Primero vieron el estandarte, ondeando sobre las cabezas de la multitud, una brillante bandera blanca que ondeaba con la brisa. Luego emergió, cabalgando por las calles con un corcel blanco que chasqueaba, resoplaba y tiraba del freno, pero esta pequeña y tenue joven parecía controlarlo con facilidad. Llevaba una armadura de placas y una sonrisa con los ojos muy abiertos, y cuando la miraron a sus brillantes ojos azules, no vieron nada más que una confianza inquebrantable. Era algo en lo que creer, y alegraba a toda la ciudad de Orleans. Estaban aclamando, bailando en las calles, rezando en voz alta, alabando a Dios, cantando su nombre: *Juana de Arco. Juana de Arco.*

* * * *

Juana no había estado inactiva durante su viaje a Orleans. Al encontrarse con su pequeño ejército en Blois, ella procedió a dictar una carta a los ingleses, dándoles la oportunidad de huir de Francia antes de que ella y su ejército atacaran. Sus declaraciones fueron tan contundentes como simples, afirmando que Dios quería que el Delfín Carlos estuviera en el trono de Francia y que los ingleses se tendrían que ir: "O les haré ir", concluyó. Firmó su carta, simplemente como, *La Pucelle*, La Doncella.

Por supuesto, los ingleses se burlaron de las cartas de Juana. ¿Quién era esta tonta, esta simple campesina, para decirles que se fueran, y mucho menos "hacer" que se fueran? Continuaron insultando y despreciando a Juana cuando estaba en Orleans, y ella continuó enviándoles mensajeros para exigirles que se retiraran. Los ingleses rechazaban los mensajes. Sabían que Orleans estaba al borde de la derrota, y creían que su fe en esta joven demente era solo otra señal de su inminente caída. La llamaron bruja y lunática. Fue en sus labios que su nombre se pronunciaría por primera vez en inglés, un nombre que ha pasado a la historia: Juana de Arco.

Juana no permitió que ninguna terquedad inglesa la detuviera. Cuando los ingleses se negaron a dar marcha atrás, ella ordenó un ataque contra ellos. Jean de Dunois puso fin de inmediato a esto, protestando porque el cuartel era demasiado pequeño para lanzar una ofensiva contra los ingleses; tendría que viajar a Blois para obtener aún más refuerzos antes de que esto fuera posible. El 1 de mayo, salió de la ciudad, escabulléndose a Blois. Con su severa presencia desaparecida, Juana era libre de hacer lo que quisiera. Salió de la ciudad e inspeccionó las fortificaciones inglesas para el desconcierto de los guerreros ingleses. Le gritaron varios insultos desde sus fortificaciones, pero no la atacaron. Después de todo, ¿qué sabía ella de las batallas? ¿Qué daño podría hacer ella? ¿Qué amenaza podría ser ella?

Capítulo 9 - Portando el Estandarte Blanco

Ilustración IV: Juana y su estandarte en el Asedio de Orleans

Entre el ejército francés, Juana estaba ganando popularidad rápidamente. Ahora que más soldados la habían visto, la llamaban La Doncella de Francia, la salvadora virgen que había estado en las profecías durante tantos años. La respuesta fue excepcional. La moral francesa, que había sido saqueada por casi un siglo de guerra, de repente comenzó a subir. Los desertores regresaron al ejército y, repentinamente, todos los valientes jóvenes nobles de Francia querían unirse y asestar un golpe en nombre del Delfín porque se decía que había una santa al frente, que Dios estaba de su lado. Cuando Juana cabalgaba por las calles, tenía que tener una escolta de caballeros con ella o la multitud exuberante la arrebataría de su silla en su emoción. Se alineaban en las calles donde quiera que fuera, mirándola con asombro.

El 4 de mayo, Dunois regresó, trayendo consigo las filas repentinamente repletas del ejército francés. Le sorprendió ver la gran cantidad de hombres que habían regresado o se habían unido gracias a la presencia de Juana en Orleans. Juana cabalgó para encontrarse con el ejército que se acercaba con un pequeño grupo de hombres en caso de ataque, pero a pesar de que los ingleses estaban a la vista, el ejército llegó a Orleans a salvo. Juana y Dunois cenaron juntos esa noche, y Dunois prometió que le enviaría al paje de Juana con noticias si se producía algún combate.

Sin embargo, parece que el paje de Juana falló en sus deberes. Esa misma noche, Dunois y un grupo de 1.500 hombres lanzaron un asalto a una bastilla inglesa llamada St. Loup, y Juana estaba profundamente dormida cuando esto ocurrió. De repente, se despertó y se apresuró a apresurar a su asistente para que despertara. Las palabras y los pensamientos de Juana todavía eran vagos y lentos por el sueño, pero su mensaje era urgente: sus voces le habían dicho que tenía que ir a la batalla. Corriendo a reprender a su paje por su mal comportamiento, Juana le ordenó que buscara su caballo mientras que otros asistentes la ayudaron a ponerse su armadura. En una ráfaga de actividad, Juana saltó sobre su semental blanco, tomó su estandarte y luego colocó espuelas en su caballo, enviándolo al galope firmemente fuera de la ciudad.

Seguida por algunos de sus compañeros, Juana cabalgó hacia St. Loup, y fue allí donde fue testigo de la realidad de batalla por primera vez. Para una joven campesina gentil, habría sido un shock terrible. Aunque había tenido que huir de los ingleses antes, nunca había visto la muerte y la destrucción en una escala tan aterradora. Las lágrimas corrían por sus mejillas mientras veía a los heridos siendo transportados de regreso a Orleans; peor aún fueron los cuerpos desgarrados de los soldados que habían perdido la vida en la lucha. Se dispersaron descuidadamente por el campo de batalla, su sangre empapando la tierra, las moscas zumbando alrededor de sus extremidades inmóviles y caminando sobre sus ojos vidriosos y fijos. La piel desgarrada, el hueso astillado brutalmente expuesto, y las entrañas rasgadas que se derramaban de los cuerpos. Esto era la batalla, y era real, con sangre real en la tierra, el hedor real de la muerte en el aire y personas reales perdiendo la vida.

Tan real como fue la batalla, la fe de Juana era aún más real. Con el rostro pálido y llorando, Juana no permitió que la devastadora vista la detuviera. Espoleó su caballo y cabalgó hacia St. Loup. A pesar de que los franceses superaban en número al cuartel inglés más de tres a uno, se les dificultaba, enfrentando otra derrota desalentadora hasta que escucharon una voz joven y pura gritar desde la dirección de Orleans. Era Juana. Cuando los franceses vieron su estandarte oleando sobre su cabeza, su blancura crujiente contra el cielo azul, se reanimaron. Paralizados ante la "bruja", los ingleses vacilaron. Los franceses avanzaron, empujando a los ingleses de regreso al campanario del fuerte, y en unas pocas horas, los ingleses habían caído. St. Loup estaba en manos francesas, y la primera victoria de Juana había sido ganada.

Aunque murieron más de 100 ingleses, y aunque Juana usaba una espada, nadie fue atacado personalmente por ella. En cambio, parecía profundamente afligida por sus muertes, a pesar de haberlas considerado necesarias. Lloró sobre sus cuerpos, deseando que hubieran escuchado las advertencias que les había dado en nombre de Dios. Pero se derramaría mucha más sangre, y esta joven inocente vería mucha más muerte y sangre antes de que Orleans finalmente fuera liberada.

* * * *

La victoria en St. Loup fue solo el comienzo, la primera muestra de éxito por la cual el ejército francés había estado tan desesperado. El día siguiente, 5 de mayo, fue el Día de la Ascensión; celebraron el día de la fiesta en calma, pero Juana aprovechó la oportunidad para dictar una última carta a los ingleses. Atado a una flecha, fue disparado a las filas inglesas. Su respuesta fue tan burlona e insultó tanto la pureza y el carácter de Juana que la hizo llorar, pero no la detuvo.

El 6 de mayo, la lucha comenzó de nuevo cuando los franceses se reunieron para comenzar un ataque en serio. El objetivo final era simple: recuperar Les Tourelles, la caseta de vigilancia que los ingleses habían estado controlando desde el fatídico comienzo del asedio. Para lograrlo, primero tuvieron que destruir diversas bastillas inglesas, como Boulevart, Augustins y St. Privé. Cuando amaneció, los comandantes militares se horrorizaron al descubrir que los civiles de Orleans se habían reunido alrededor del estandarte blanco de su heroína y formaron una milicia improvisada vasta en pasión, pero lamentablemente baja en equipamiento y entrenamiento. No obstante, Juana persuadió a los comandantes para que dejaran que la gente se uniera, y entonces navegaron juntos por el Loira, transportando al semental blanco de Juana sobre el río en un bote. Los cascos del caballo blanco apenas habían golpeado la orilla antes de que Juana lo dirigiera hacia la bastilla de Boulevart, gritando a sus tropas que se reunieran a su alrededor. La habrían seguido a todas partes, por lo que cuando atacó a Boulevart, para consternación de los comandantes, su gente la acompañó. El avance, probablemente precipitado por una de las voces de Juana, fue imprevisto y peligroso. Al cargar contra Boulevart, comenzaron a atacar la bastilla, pero su pasión se desvaneció rápidamente cuando se escucharon gritos de consternación. Los ingleses enviaban refuerzos a Boulevart desde St. Privé. El terror se apoderó de los franceses y comenzaron a retroceder, tirando físicamente del caballo de Juana con ellos. Lo que sucedió después es incierto, pero la única versión que nos brinda la leyenda y la historia es que las tropas inglesas salieron de la bastilla para perseguirlos. Cuando Juana los vio venir, tomó su caballo y levantó su estandarte en alto, gritando cuatro palabras que se convirtieron en su lema, su grito de batalla y su himno personal: ¡Au Nom de Dieu! ("¡En el nombre de Dios!"). Se quedó sola, su propia gente huyendo, su enemigo atacando, y gritó las palabras en las que creía, sosteniendo su estandarte como símbolo de esperanza y valentía. Los ingleses, repentinamente desconcertados por este giro de los acontecimientos, se detuvieron. Los franceses se manifestaron y el ataque comenzó de nuevo.

Esta vez, fue exitoso. Al final del día, St. Privé había sido evacuado, Boulevart había caído y Les Augustins estaba en manos de los franceses. Habían derribado todos los obstáculos que se interponían entre ellos y Les Tourelles. Ahora era el momento de recuperar su ciudad.

Capítulo 10 - Una Señal Provista

El 7 de mayo de 1429 amaneció con esperanza. Los franceses habían progresado más en un solo día que desde el comienzo del asedio hace muchos meses. Les Tourelles estaba a la vista, casi a su alcance. Gracias a la desconocida joven campesina, por muy erráticas que pudieran ser sus acciones, comenzaron a creer que, después de todo, tal vez el asedio podría levantarse.

Juana había demostrado ser valiente, pero también había sido impredecible, y su presencia imponente hizo que algunos de los comandantes se sintieran incómodos. Además, había obtenido una herida en el pie bastante leve pero aún dolorosa durante la pelea en Les Augustins, por lo que los comandantes trataron de persuadirla de que se quedara en Orleans para el ataque final. Quizás Juana consideró hacer lo que le pidieron. Ella había estado en el centro de la pelea ese día, una pelea para la cual no había recibido entrenamiento ni condicionamiento; ella había experimentado la destrucción masiva y la matanza irreflexiva de la guerra real e incluso sintió lo que era ser herido en ella. De repente todo se tornó muy real. Sin embargo, incluso esto no podría persuadir a Juana de cambiar ninguna de sus convicciones: creía que Dios le había dicho que levantara el asedio, y lo levantaría, sin importar cualquier cosa.

Esa noche, le indicó de sus aliados cercanos, Jean Pasquerel, un fraile que se desempeñaba como su confesor, que se mantuviera cerca de ella, "para mañana tendré mucho que hacer y mucho más de lo que alguna vez tuve, y mañana la sangre saldrá de mi cuerpo por encima de mi pecho". Esta ominosa predicción no pareció tener mucho efecto en la determinación de Juana de unirse a la próxima batalla.

A la mañana siguiente, cuando amaneció, los franceses salieron corriendo. Se dirigieron hacia las puertas de Les Tourelles, audaces y veloces cuando los rayos del sol brillaban sobre el paisaje a medida que salía el sol, y parecía que nada podía detenerlos; una historia describe el fervor de los soldados franceses como tan poderosos que parecían "creerse inmortales". Sus ojos se fijaron en el estandarte blanco de Juana mientras ella cabalgaba delante de ellos, y se lanzaron a Les Tourelles, donde bombardearon a sus enemigos por horas. Los cañones estallaron, las espadas chocaron, las voces gritaron y, sobre todo, el sereno estandarte blanco de Juana de Arco flotaba sobre la brisa. Ella siempre estuvo en el centro de todo, pero nunca dio un golpe. Ella no necesitaba hacerlo. ¡Su mera presencia, la seguridad en sus ojos azules y el aumento y la caída de su voz melodiosa llamando a su grito de guerra de *Au Nom de Dieu*! Era más fuerte que la espada de dos filos más afilada, más poderoso que el cañón más imponente.

La mañana continuó con los franceses luchando con fuerza y perseverancia. Su valentía de alguna manera no encontró fin, su resistencia no disminuyó mientras su amada Juana se quedaba hombro con hombro con ellos, gritando ánimos. Ella no daría un golpe, pero era un arma en sí misma.

Cuando el sol comenzó a alcanzar su apogeo, sucedió. La ominosa profecía que Juana había hecho sobre sí misma se hizo repentina y repugnantemente cierta. Jean Pasquerel, como había pedido Juana, estaba justo a su lado cuando escuchó el sonido de una cuerda de arco inglesa. Juana, a mitad de camino ayudando a levantar una escalera de mano contra la pared de la fortaleza, apenas tuvo tiempo de mirar hacia arriba antes de que la flecha la golpeara. La fuerza la derrumbó, golpeando cruelmente su frágil cuerpo contra la tierra con un ruido sordo y el sonido de la armadura. La sangre se derramó sobre el suelo, y Juana lanzó un solo grito de dolor y terror cuando su estandarte se tambaleó por un segundo y posteriormente, su dueña, cayó al suelo.

Pasquerel estaba a su lado casi antes de que pudiera pensar. La flecha le había perforado el hombro tan profundamente que la cabeza sobresalía de su espalda, su terrible metal brillaba con sangre húmeda cuando Pasquerel la hizo rodar suavemente sobre su costado. De repente, la doncella vivaz y resplandeciente, la líder de un ejército, la inspiración de las masas era solo una joven de diecisiete años que yacía en el suelo y lloraba mientras sangraba. Era indudablemente humana, aferrada a la mano de Pasquerel, asustada y herida.

Sus soldados estaban igual de conmocionados, pero se apresuraron a ayudarla. Llevándola lejos del calor de la batalla, intentaron hacer lo que pudieron por ella. A pesar de su dolor y miedo, cuando llegó un soldado y se ofreció a curarla con brujería, Juana se negó de inmediato, afirmando que preferiría morir antes que pecar. En cambio, los curanderos locales hicieron lo que pudieron. No fue mucho. En la era actual, ella se habría sometido a una cirugía, le habrían dado analgésicos fuertes y la habrían limpiado y acomodado. Pero era el siglo XV. Los sanadores aún no habían aprendido a lavarse las manos. La trataron con algodón, aceite y grasa de tocino. No había anestesia ni analgésico mientras le sacaban la flecha del hombro.

* * * *

Cuando a Juana la sacaron del campo de batalla, los corazones de los soldados franceses parecían ir con ella, desgarrados y ensangrentados como ella. Continuaron luchando a medida que el día crecía más y más, pero con cada hora, parecían cansarse más rápido. Los ingleses, burlándose de que habían matado a la bruja, se unieron y mantuvieron su fortaleza con más confianza. Al caer la tarde, Dunois tuvo que enfrentar el hecho de que sus hombres estaban vacilando. Aunque su primer ataque había sido prometedor, no podía negar que no eran nada sin Juana.

Con el corazón devastado, Dunois decidió suspender a sus hombres y volver a intentarlo al día siguiente. Cuando Juana escuchó la noticia, se arrastró desde el lugar donde estaba acostada. Débil y pálida pero decidida, le rogó a Dunois que esperara unos minutos antes de dar la orden. No tuvo el valor de negarle esta petición. Llamó a su caballo, se subió a la silla y se fue a un viñedo cercano.

Entre estos viñedos, Juana se sentó y rezó. Su semental blanco estaba sobre ella como si estuviera en guardia; la suave brisa primaveral agitaba el verde intenso de las hojas a su alrededor, y los sonidos de la batalla eran apagados y distantes. Respiró la paz profundamente, inclinó la cabeza y centró cada pensamiento en el Dios en el que confiaba. Y escuchó las voces.

* * * *

Los soldados no podían entender por qué Dunois aún no los había suspendido. ¿Qué esperanza tenían? La Pucelle, la Doncella que los dirigía, había resultado herida. Algunos creían que había sido asesinada o ya habría regresado. ¿Los había abandonado? ¿Los había abandonado Dios? Cada duda derrumbaba cada vez más su fuerza mental, incluso a medida que cada golpe, cada mina que cavaban y cada cañón que lanzaban absorbían su poder físico. Habían estado luchando durante horas. El anochecer se arrastraba hacia el cielo occidental, y, sin embargo, Les Tourelles resistió, los ingleses de alguna manera parecían invencibles. Los franceses ya no querían pelear. Solo querían rendirse e irse a casa.

Entonces, lo oyeron. La voz pura y penetrante, que se eleva por encima de los brutales gruñidos y golpes de la batalla.

"Tout est vostre-et y entrez!", Gritó. "¡Todo es suyo, entren!"

Era Juana. Ella se apresuró hacia ellos, cargando una escalera a pesar de su brazo herido, sus ojos estaban iluminados por la esperanza. Su presencia entre ellos los motivó, el brillo de su armadura bien forjada fue la chispa que necesitaban para convertirse en una llama ardiente. Se lanzó contra las paredes, con su estandarte en alto, gritándoles que se unieran a ella. Los ingleses, que habían creído que estaba muerta, vacilaron. ¿Había resucitado esta bruja de la tumba, o milagrosamente había sido resucitada de entre los muertos? De cualquier manera, era una perspectiva desalentadora. Ellos dudaron por el tiempo suficiente. Los franceses se lanzaron a la bastilla, obligando a los ingleses a retroceder. De vuelta al puente levadizo. De vuelta a la última barbacana de Les Tourelles. De regreso de toda la orilla sur del Loira, hasta que el último inglés había sido expulsado del complejo Les Tourelles, de Orleans.

Esa noche, Les Tourelles fue retomada por los franceses. A la mañana siguiente, los ingleses se rindieron. Se había proporcionado la señal que habían pedido los examinadores en Poitiers: de alguna manera, esta joven campesina que parecía ayudada por la gracia divina había llegado a una ciudad al borde de la rendición y en poco más de una semana trajo una victoria imposible.

Era oficial. Juana de Arco era La Doncella de Orleans, la heroína que Francia había estado esperando.

Capítulo 11 - La Batalla de Patay

La moral francesa nunca había sido tan elevada. Era el 18 de junio de 1429, aproximadamente seis semanas después de la espectacular victoria en Orleans, y los franceses habían estado haciendo campaña en todo el Valle del Loira desde que se levantó el asedio. Y por primera vez en décadas, estaban ganando.

Después de semanas de atacar fortificaciones controladas por los ingleses, los franceses habían hecho huir al ejército inglés. Ahora, impulsados hacia el frente y ordenados por Juana de Arco, los franceses perseguían a sus enemigos por un viejo camino romano hacia la ciudad de Patay. Los exploradores habían sido enviados a buscar a los ingleses, pero aún no habían regresado con noticias de su paradero. Mientras tanto, la vanguardia continuó en el camino, pasando por rodales de espesos bosques y matorrales. A pesar del hecho de que sabían que estaban atravesando territorio enemigo y que la vegetación circundante era tan espesa que un ejército enemigo podría ocultarse cerca, los franceses se movieron con confianza. La doncella de Orleans había afirmado que tendrían otra victoria, y le creyeron. Los comandantes le habían preguntado dónde encontrarían a los ingleses, esperando que sus santos se lo hubieran indicado. Su respuesta fue enigmática, pero inspiró coraje: "Vayan con audacia, tendremos una buena orientación".

Así que ahora la vanguardia de ochenta caballeros, liderados por La Hire, que también había luchado junto a Juana en Orleans, cabalgaba enérgicamente y sin miedo. Patay estaba a la vista; los ingleses habían estado huyendo todo el día, pero los caballos franceses estaban frescos y sus jinetes los estimularon con una nueva confianza. Juana, liderando el cuerpo principal del ejército francés, estaba justo detrás de ellos. Creían que no tenían nada que temer.

Estaban a solo unas millas de Patay cuando la guía que Juana había profetizado aparentemente vino en su ayuda. Mientras cabalgaba por el campo, el ruido de los pies de los caballos y el sonido de la armadura habían estado asustando a pequeñas criaturas salvajes toda la mañana. Hubo un repentino susurro del bosque, luego el sonido de cascos en el camino. Algunos de los caballos se sobresaltaron, y los caballeros se apresuraron a mantener el control sobre ellos, mirando a su alrededor arduamente para saber qué acababa de salir del bosque.

Era un ciervo. Majestuoso, elegante, se lanzó sobre el camino, con los ojos oscuros muy abiertos, y su cola blanca levantada mientras huía. Sus piernas eran delgadas como sombras, pero lo conducían por el suelo a una velocidad impresionante, con sus astas extendidas sobre sus hombros. Los caballeros y los caballos se relajaron, sintiéndose tontos por ser sorprendidos por un ciervo. El ciervo huyó, desapareciendo en el bosque. Entonces oyeron los gritos. Haciendo una pausa, los caballeros escucharon como voces masculinas llenaban el pacífico campo, un clamor que solo podía provenir de un gran grupo de hombres. Y estaban gritando en inglés. El ciervo, en pánico, había chocado directamente con el ejército inglés, revelando su posición.

La Hire descubrió rápidamente que los ingleses aún luchaban por armar sus defensas habituales (una línea de estacas afiladas frente a las líneas de arqueros, una formación que había sido casi impenetrable para la caballería durante toda la guerra) y pidió su caballería. Mientras los mensajeros huían de regreso al ejército para indicarles que habían encontrado a los ingleses, La Hire llamó a sus hombres, los enfrentó y los embistió.

* * * *

Desde Orleans, el ejército francés había estado disfrutando de una victoria tras otra, y con cada pelea que ganaban, el Delfín confiaba cada vez más en el liderazgo de Juana. Cuando ella se reunió con él el día después de que los ingleses se retiraran de Orleans, él era un hombre diferente, exuberante de alegría y tan extasiado que algunos cronistas lo describen como que casi la besó cuando la vio; tan abrumado estaba de alivio y felicidad. Juana había hecho lo que nadie había pensado que se podía hacer. Había levantado el asedio o, de acuerdo con ella, había sido el instrumento que Dios mismo usó para levantar el asedio.

Ahora a los ingleses se les había derrotado, y Carlos tenía diversas opciones cuando se trataba de qué hacer a continuación. Lo más sensato sería impulsar una campaña hacia París o Normandía, incrementando así gradualmente los territorios que él controlaba.

Pero Juana tenía otras ideas. Asistiendo a los consejos de guerra cuando pudo, insistió en que su enfoque debía centrarse en la siguiente parte de la misión que las voces le habían encomendado: coronar a Carlos oficialmente como el rey de Francia. Esto solo se podía hacer en Reims, la ciudad donde generaciones y generaciones de reyes habían celebrado sus ceremonias de coronación. La dificultad era que Reims estaba millas y millas en territorio enemigo, mucho más lejos que París, y de poca importancia estratégica. Sin embargo, Juana se mantuvo firme. Sus voces le habían dicho que fuera, y estaba decidida a ir.

Habiendo presenciado lo que acababa de pasar en Orleans, Carlos descubrió que no podía decirle que no. Tenía que ser la santa, la heroína, la salvadora que Francia había estado esperando. Él le otorgó permiso para dirigir una campaña ofensiva a través del Valle del Loira, en dirección a Reims. A principios de junio, Juana cabalgó junto al duque de Alenzón, quien fue uno de sus partidarios más fervientes, especialmente después de que le salvó la vida durante una batalla en Jargeau advirtiéndole sobre un cañón que estaba a punto de dispararle. El duque saltó fuera del camino, y otro hombre que se encontraba cerca fue asesinado. Esto despertó una sensación de lealtad en Alenzón, e hizo todo lo que Juana le aconsejó que hiciera.

Puede haber parecido una estrategia sin sentido escuchar a esta joven sin educación, que generalmente abogaba por ataques directos incluso cuando enfrentaba probabilidades poco probables, pero funcionó. En los cinco días entre el 12 y el 17 de junio, los franceses vencieron al ejército inglés del Valle del Loira a pesar de los refuerzos que habían llegado de París. Primero Jargeau, posteriormente Meung, y luego Beaugency cayó ante ellos. Ahora los ingleses corrían hacia el norte, y los franceses les pisaban los talones, listos para otra gran victoria.

* * * *

La carga de caballería de La Hire se elevó hacia los setos donde estaban escondidos los arqueros ingleses. En pánico, la línea inglesa comenzó a derrumbarse antes de que la caballería pudiera alcanzarla. Una descarga dispersa de flechas surgió, rebotando en la armadura de placas, pero mientras uno o dos caballeros gritaban y caían, la carga continuó. Frente a una pared de caballos blindados que se precipitaban hacia ellos, los arqueros dieron media vuelta y huyeron.

No fue tanto una batalla como una masacre. Los ingleses no opusieron resistencia. Fueron derribados mientras corrían, el ejército en pánico fue derrotado por completo, dispersándose en el campo. Para el momento en que Juana y el ejército principal llegaron al campo de batalla, la lucha había terminado en su mayor parte, con todo el campo repleto de cadáveres desgarrados y destrozados de miles de ingleses.

El panorama rompió el corazón de Juana a pesar de que los ingleses eran sus enemigos. Desmontando de su caballo, se arrodilló junto al soldado inglés moribundo más cercano, acunó su cabeza en sus manos y trató de calmarlo mientras se desvanecía lentamente hacia la muerte.

Dos mil ingleses murieron ese día; de los franceses, solo cayeron aproximadamente cien. Era la humillante batalla de Agincourt de nuevo, excepto que esta vez ocurrió lo opuesto. Los franceses habían ganado y estaban decididos a seguir ganando.

Capítulo 12 – Las Habas del Apocalipsis

Ilustración V: Troyes en la actualidad

El ejército que partió de Orleans a finales de junio era completamente diferente al que Juana había sacado por primera vez de Chinon.

Entonces, solo tenía un grupo de hombres, todos desanimados y apenas aferrados a la esperanza que su estandarte blanco les había dado. Ahora, sus hombres sumaban hasta doce mil. Estos eran caballeros y soldados e incluso ciudadanos comunes de las ciudades circundantes que se habían armado con espadas y lanzas y montaron sus pequeños ponis de granja para unirse a la causa. Todos querían seguir a Juana, donde fuera que ella se condujera.

Y a pesar de algunas dudas de otros comandantes que creían que el ejército debería recurrir a Normandía, ella los estaba llevando a Reims. Carlos se encontró con el ejército en Gien la noche después de que salieron de Orleans; estaba completamente emocionado, radiante ante la perspectiva de que finalmente le otorgaran la corona para la que había nacido. Juana estaba serena como siempre, creyendo e insistiendo firmemente en que iban a llegar a Reims y que Carlos iba a ser coronado, sin importar lo que se atreviera a interponerse en su camino.

Al final resultó que, no mucho se interpuso en su camino. Los ingleses creían que Juana era una bruja, una hechicera aterradora cuyas maldiciones eran invencibles; ella golpeó el terror en sus corazones, y su resistencia se derritió ante ella, la moral se desplomó mientras sus comandantes intentaban desesperadamente mantener el control sobre sus hombres en pánico. Los pueblos pudieron haber sido ocupados por ingleses, pero fueron poblados por los franceses que estaban dispuestos a aliarse una vez más al Delfín ahora que se decía que viajaba con una santa de buena fe. A medida que se acercaban a Reims, el ejército francés apenas tuvo motivos para dar un solo golpe. Ciudad tras ciudad abrieron sus puertas y se rindieron, dando la bienvenida a Carlos como su rey. Fue menos una campaña y más una marcha de victoria en el camino a Reims.

Sin embargo, fue durante este tiempo que Juana, por primera y posiblemente última vez, realizó un acto de violencia. El 29 de junio, cuando el ejército partió de Gien para comenzar su marcha, Juana observó a un grupo de mujeres jóvenes merodeando por las puertas de la ciudad. En una época en la que miles de hombres fueron separados de sus esposas y familias y pasaron semanas o meses en el camino, sin compañía y a menudo aburridos, floreció la prostitución. Dondequiera que iba el ejército, las prostitutas iban con él, siempre al borde del campo, y este día no fue la excepción. Cuando el ejército salió de Gien, Juana vio que algunos de los jóvenes habían notado a las prostitutas. Se dirigieron hacia ellas, completamente distraídos de su misión, y Juana se enfureció. Embistiéndolos en su caballo, sacó su espada. Aterrados por la ira de su líder, los hombres se alejaron, las prostitutas huyeron, pero fueron demasiado lentos para Juana. Ignorando a las prostitutas, se puso furiosa sobre los hombres, golpeándolos con la cara plana de su espada. Estaban a salvo de cualquier corte por el borde, pero era lo suficientemente dura, y Juana la balanceó con una fuerza nacida de la furia. Tenía solo unos cinco pies de altura, pero golpeó al soldado más cercano lo suficiente como para que la espada se rompiera.

Habiendo castigado a los soldados, Juana regresó a la cabeza del ejército, sudorosa y con los ojos desorbitados de ira. Ningún hombre se atrevió a mirar a una prostituta mientras se dirigían a su marcha. Una de sus primeras paradas, la ciudad de Auxerre, le era familiar a Juana; ella la había visitado en su viaje de Vaucouleurs a Chinon, escabulléndose dentro de las murallas de la ciudad para escuchar misa. Entonces, cabalgó valientemente hacia ella a la cabeza de un ejército victorioso. Mientras Auxerre permaneció fiel a su lealtad al duque de Borgoña, no se resistió a los franceses, sino que proporcionó provisiones al ejército; después de un breve descanso, continuaron hacia una ciudad que debió de haber causado una gran angustia a Carlos: Troyes.

* * * *

Fue en Troyes donde la propia madre de Carlos había firmado su derecho de nacimiento, regalando el país a un rey inglés. La amargura debe haber llenado el corazón de Carlos al acercarse a la ciudad. Si solo Isabel no hubiera firmado ese tratado, Carlos ya habría sido rey, un rey en guerra, sin duda, pero al menos un rey verdadero y oficial. No habría tenido que luchar con uñas y dientes en su propio país solo para poder usar la corona para la que creía que había nacido.

Sin embargo, allí estaba él, acercándose a Troyes con una vasta fuerza de soldados leales, liderados por esta joven desconocida pero innegablemente carismática. Juana cabalgaba junto al rey, ahora en un corcel negro; el estandarte blanco ondeaba sobre su cabeza que tenía un corte de pelo corto y juvenil, que aún crecía después de haber sido disfrazada de hombre para el viaje a Chinon. Era temprano en la mañana cuando apareció Troyes, y fue inmediatamente obvio que esta era la primera ciudad que no se hundiría sin luchar. A pesar de que la guarnición de Troyes solo contaba con 500 hombres, salieron valientemente contra la enorme fuerza de Carlos. Después de una breve pero intensa pelea, fueron conducidos nuevamente a Troyes. Se hizo poco o ningún daño al ejército francés, pero los hechos estaban claros: Troyes iba a resistir.

La ciudad que había desheredado a Carlos ahora seguiría siendo una espina en su costado. Confiado en que no pasaría mucho tiempo antes de que Troyes se sometiera, Carlos ordenó a sus hombres que se atrincherarán y se prepararan para un asedio. La guarnición anglo-borgoñesa estaba muy superada en número, y Carlos estaba seguro de que no pasaría mucho tiempo antes de que se rindieran.

Solo había un problema: el ejército francés no tenía nada para comer. Los suministros que habían comprado en Auxerre ya no estaban; ahora, se encontraron acampando en el campo, en las profundidades del territorio enemigo, con miles de bocas humanas y equinas para alimentar. El verano permitió que los caballos pastaran, pero el ejército estaba formado por delicados caballeros franceses que estaban acostumbrados a la lujosa gastronomía.

La solución a este problema fue, como la propia Juana de Arco, lo más extraña y poco ortodoxa posible. El invierno anterior, un fraile errante había llegado a Troyes. Su mensaje fue que el fin del mundo estaba cerca, que Jesús regresaría ese verano y que la gente de Troyes necesitaba estar lista para alimentar a una corte angelical. Por esa razón, en lugar de plantar la cosecha de trigo habitual, los agricultores de Troyes y sus alrededores habían plantado todos sus campos con una cosecha temprana de habas.

Ningún ejército angelical descendió sobre Troyes como el hermano Richard había prometido. Pero arribó un ejército, y tenía hambre, y llegó justo cuando las habas comenzaron a madurar.

* * * *

Troyes continuó resistiendo obstinadamente durante varios días mientras el ejército francés rodeaba la ciudad. Carlos comenzó a preguntarse si realmente valía la pena sitiar la ciudad; su objetivo era llegar a Reims, no capturar todo a su paso. Comenzó a discutir sus opciones con sus comandantes, la mayoría de los cuales estaban a favor de retirarse y regresar a Gien. Uno de los hombres mayores finalmente logró convencerlos para consultar con Juana antes de tomar cualquier decisión, considerando que habían seguido a Juana hasta este punto.

Su respuesta fue predecible. Ella creía que Troyes iba a caer pronto, en los próximos días, y Carlos solo tenía que mantenerse firme. Justo cuando le había pedido a Robert de Baudricourt que le indicara a Carlos que tenía que mantenerse firme contra sus enemigos, mucho antes de que el nombre de Juana de Arco significara algo para alguien en Francia, ahora seguía exhortando al Delfín a ser valiente y perseverante.

Reuniendo al ejército, Juana ordenó a los soldados que comenzaran a construir establecimientos en el foso de Troyes, preparándose para una ofensiva a gran escala. Su estandarte blanco les había otorgado la victoria anteriormente; confiaron en que volvería a hacerlo, y trabajaron fervientemente y sin miedo.

Los anglo-borgoñones dentro de Troyes ya habían escuchado todas las historias sobre la bruja de Orleans y sus terroríficos poderes. Observaron con consternación cómo se desarrollaban las obras de

Juana y vieron, con horror, que las había preparado de una manera tan hábil como lo haría cualquier comandante militar experimentado. Sus aparentes poderes sobrenaturales los asustaron, y enviaron apresuradamente a algunos de los líderes de la ciudad para intentar negociaciones pacíficas con el ejército francés.

Entre ellos estaba el mismo hermano Richard, cuya predicación les había proporcionado a los franceses sus habas. Aunque al principio sospechaba de Juana, rociando temerosamente agua bendita para alejar a sus demonios, más tarde se convertiría en uno de sus aliados. Sin embargo, a pesar de las dudas del fraile, se llegó a un acuerdo que permitía al cuartel escapar y entregar la ciudad. Más tarde esa mañana, las puertas de Troyes se abrieron de par en par. Y el Delfín Carlos, repleto de alegría y triunfante, logró entrar por fin en la ciudad donde su propia familia lo había traicionado.

Capítulo 13 - El Rey Francés Coronado

Ilustración VI: Juana de Arco en la coronación del rey Carlos VII *por Jean Auguste Dominique Ingres, 1854. El clérigo representado es Jean Pasquerel el compañero de Juana*

Catedral de Reims, 17 de julio de 1429. Fue aquí donde el primer rey de Francia, entonces rey de los francos había sido bautizado por Saint Remi hace casi mil años. Y desde entonces, generación tras generación, cada rey de Francia había sido coronado en el lugar en una ceremonia tan antigua, santa y venerada mientras se realizaba. Los techos abovedados se alzaban hacia el cielo, las paredes doradas y lujosamente decoradas con un esplendor desmedido, y debajo de la altura del techo se alzaban algunas de las personas de más alto rango en toda Francia, especialmente el joven rey que, arrodillado junto al altar, estaba listo para recibir finalmente su corona.

Y entre todos ellos estaba Juana de Arco, una campesina de las fronteras de Lorraine. Una desconocida, y sin embargo su nombre estaba en boca de todos los hombres de Francia e Inglaterra por igual. No sabía leer ni escribir, no tenía estudios, y era una de las personas de clase más baja en todo el país. Y, sin embargo, allí estaba, no solo como una espectadora en la coronación del rey de Francia, sino una parte esencial de los acontecimientos que habían llevado a este mismo momento. Había derramado una gran cantidad de sangre, sudor y lágrimas para llevar a Carlos a Reims, y ahora observaba con radiante satisfacción y alegría la ceremonia.

La ceremonia de coronación fue muy compleja. Uno de sus componentes clave era un vial de aceite sagrado, que se dice que fue llevado a Saint Remi para el bautismo de Clovis I por una paloma que descendió del cielo. El aceite estaba alojado en un relicario de oro puro, que contenía un frasco de cristal, y se usaba con moderación y reverencia sobre la espalda y los hombros de Carlos, tal como se había usado en todos sus antepasados que habían sido reyes. Entonces, el alguacil de Francia entró, portando una espada real y elaboradamente tallada que se usaba simbólicamente para otorgar el título de caballero al rey. Esta espada en particular, a menudo conocida como la Espada de la Doncella en honor a Juana, estuvo perdida en el tiempo; desapareció en algún lugar durante la Revolución Francesa muchos años después. Luego, el rey recibió sus espuelas doradas, una espada, su túnica real, su anillo y su cetro, y finalmente, la corona de Francia. Por fin, la corona se bajó sobre la cabeza del Delfín Carlos. Ya no era Delfín. Él era el rey.

Durante toda la ceremonia, de aproximadamente cinco horas, Juana había permanecido inmóvil cerca del rey, observando en silencio satisfecha y sosteniendo su estandarte. Era algo destrozado por ahora, usado durante diversas batallas, pero la esperanza que mantenía aún latía con fuerza en los corazones de todos los franceses cuando finalmente vieron a su rey en el trono. Juana misma no se movió hasta que el rey finalmente fue coronado. Entonces su moderación parecía haberla dejado. Arrojó a un lado su estandarte y se arrojó a los pies de Carlos, tal como lo había hecho meses atrás cuando identificó al rey entre los trescientos cortesanos. "¡Noble rey!", exclamó, dirigiéndose a él como "rey" por primera vez desde esa primera reunión. "Ahora se cumple la voluntad de Dios, que deseaba que yo levantara el asedio de Orleans". Estaba llorando abiertamente, las lágrimas corrían por sus mejillas mientras se aferraba a las piernas de Carlos. Con la emoción fluyendo dentro de la catedral, fue la gota que colmó el vaso. Los espectadores rompieron en llanto cuando Juana se aferró a los pies de su rey y se regocijó. Había hecho lo que sus voces le habían indicado que hiciera. Ella había traído al rey a Reims.

Finalmente, la ceremonia fue concluida por una algarabía de trompetas. Los trompetistas estaban tan repletos de emoción que su algarabía parecía sacudir la misma catedral; en palabras de uno de los testigos, "parecía que las bóvedas de la iglesia iban a desplomarse".

* * * *

Reims había capitulado ante el ejército francés que se aproximaba, abriendo sus puertas sin resistencia y dando la bienvenida al Delfín para su coronación. Ahora que fue coronado rey Carlos VII, el rey sabía que su trabajo estaba lejos de haber terminado. Francia todavía estaba en un estado de guerra civil, y los ingleses estaban en todas partes, especialmente en su capital, París.

Juana tampoco había terminado con la guerra. A pesar de que las batallas parecían haber tenido un profundo efecto emocional en ella, estaba lista para más. Poco después de la coronación, le informó al rey que sus voces le habían ordenado que tomara el ejército y se dirigiera directamente a París para un ataque que tenía como objetivo retomar la ciudad. El duque de Alenzón previsiblemente la apoyó en esta decisión, pero a Carlos no le convenció tan fácilmente. Incluso después de las victorias que Juana les había traído, parte de él parecía desconfiar un poco. Se negó a seguirla a ciegas y en su lugar llamó a un consejo para discutir qué hacer a continuación, donde se decidió que sería un movimiento más sabio intentar negociar una tregua con el duque de Borgoña, aún un aliado clave para los ingleses.

Mientras tanto, Juana se quedó en Reims, teniendo poco que hacer, pero aun siendo importante para la gente. Después de cuatro meses de actividad constante, debe haber sido un alivio tener un respiro y permanecer en una ciudad por más de unas pocas semanas. Y debe haber sido un mundo nuevo y desconocido para esta campesina que nunca había estado en contacto con las clases altas fuera del ejército. Era una de las personas más famosas (y también la más poderosa, teniendo en cuenta que la mayoría de los soldados franceses la habrían seguido a todas partes, incluso si fuera en contra de las órdenes de sus comandantes) en Francia, y, sin embargo, nada de eso parecía afectar su comportamiento. Ella se negó a disfrutar de los lujos que tenía a su disposición en Reims, muchas veces negándose incluso a comer carne o verduras. En cambio, Juana a menudo optó por tener solo un poco de pan, tal vez anhelando la dieta simple que una vez había tenido cuando era solo una joven ordinaria en Domrémy. Con frecuencia decía desde el comienzo de su ascenso que, si dependiera de ella, se habría quedado en la aldea. Tenía un deseo mucho mayor de cuidar ovejas e hilar lana que liderar ejércitos y reyes de la corona. Sin embargo, sus voces la obligaron; ella insistió en que los santos le estaban diciendo qué hacer, y Juana vivió para obedecer sus órdenes.

Sin embargo, esta vez, Carlos no estaría convencido de marchar directamente sobre París. En cambio, estaba negociando con Felipe de Borgoña, ignorando a Juana y sus voces. Esto resultaría ser un grave error.

Capítulo 14 - El Asedio de París

Ilustración VII: Juana en el asedio de París

Mientras Juana continuaba instando al recién coronado rey Carlos VII a atacar a París sin demora, el rey se mantuvo firme. Se negó a trasladarse a París hasta que concluyó sus negociaciones con el duque de Borgoña, sin importar cuán fervientemente Juana le suplicó que prestara atención a sus palabras. Hubiera sido fácil, después de todo lo que Juana había logrado durante su tiempo con el ejército, sentirse traicionada y ofendida por la falta de confianza de Carlos en ella, pero si lo hizo, no lo demostró. En cambio, acompañó a su amigo el duque de Alenzón en una marcha sin rumbo, conquistando pueblos que rodean a Reims. La mayoría de estos se rindieron sin ninguna resistencia.

Mientras tanto, cuando Carlos intentaba llegar a algún tipo de pacto con Felipe, el misterioso duque de Borgoña solo participaba en las negociaciones porque quería ganar tiempo. Incluso mientras sonreía y asentía en sus reuniones con los franceses, mientras parecía amable superficialmente, Felipe estaba ocupado dando órdenes a sus hombres de que París se fortaleciera contra un posible ataque de los franceses. Solo cesaron las negociaciones cuando concluyeron sus fortificaciones. Todo el ejercicio había sido completamente inútil; en lugar de acercarse a la paz, Carlos solo había logrado darle la ventaja a su enemigo. Habría hecho bien en prestar atención a las palabras de Juana. Sin embargo, no lo hizo. Y por eso, el ejército francés pagaría el precio.

* * * *

Fue a finales de agosto cuando las negociaciones finalmente llegaron a su fin, y Carlos decidió que, después de todo, sería necesario un ataque contra París. Juana y el resto del ejército se habían estado moviendo por todo el país hacia la capital, y el 26 de agosto de 1429, ella y sus hombres conquistaron un pequeño pueblo cerca de París y se establecieron junto con sus tropas en La Chapelle. Aquí, comenzaron a enviar pequeños grupos a la ciudad para reconocer las puertas y determinar cuánto Felipe había podido mejorar las defensas.

Lo que observaron les trajo una gran consternación. París había sido fundada hace siglos, a finales del siglo III a. C., y durante el transcurso de más de un milenio, solo había crecido en importancia y fuerza. La fortaleza ya era prácticamente inexpugnable antes de que el duque de Borgoña comenzara a fortificarla contra el ataque que Juana ahora se encontraba liderando. Ahora, era un panorama intimidante, a pesar de que Juana y otros comandantes sabían que su guarnición solo albergaba a unos 3.000 hombres. El ejército de Carlos ascendía a

10.000, pero no tenían la ventaja de las fuertes defensas que vigilaban todo el centro de la ciudad.

Juana se dirigió a una pequeña capilla en La Chapelle, conocida como la Capilla de St. Genevieve, unos días después de su llegada a la zona. Su propósito era rezar, y es fácil pensar por qué eligió buscar su inspiración divina de Saint Genevieve. Nacida hace más de mil años, también había sido una santa virgen, una mujer que había viajado por todo el país predicando y sanando. St. Genevieve también había afirmado haber tenido visiones de santos y ángeles, tal vez incluso de una manera similar a como Juana las había visto. Debe haberse sentido como la única persona en el mundo con la que Juana podía identificarse, ya que las voces de Juana seguían hablando con ella, instándola a llegar a París y recuperar Francia para su legítimo y recientemente ungido rey. Juana se arrodilló allí en la paz de la pequeña capilla, y rezó, esperando que sus voces volvieran a guiarla.

Esa misma capilla sigue en pie hoy, aunque las calles de París han crecido y se han extendido tanto que ahora es parte de la propia París. El mismo lugar donde Juana se arrodilló en oración todavía se puede visitar actualmente. Cuando se puso el sol, Juana tomó su lugar y, a medida que avanzaba la noche, no se movió, permaneció allí, con toda su mente centrada en escuchar sus voces. Amaneció y su cuerpo estaba frío, rígido y doliente cuando se levantó, pero Juana estaba repleta de determinación. Iban a tomar París, y ella conduciría a su ejército hacia la victoria una vez más.

Carlos llegó a París el 7 de septiembre, después de haber perdido su tiempo una vez más en una agonía de indecisión. Tan pronto como llegó con algunos refuerzos, Juana y el duque de Alenzón dieron la orden de atacar. Juana misma cabalgaba a la cabeza del ejército. Los anglo-borgoñones la observaron con temor cuando ella apareció a la vista, una figura femenina vestida de acero reluciente, montada sobre un semental negro que brillaba al sol del mediodía. Una brisa desplegó su estandarte sobre su cabeza; blanco y puro contra un paisaje en llamas con los cálidos colores del otoño, era un símbolo de esperanza para los franceses y un objeto temido para todos los que se enfrentaban a ellos.

Esta vez no habría intentos de detener a Juana. Los comandantes sabían que sus hombres peleaban mejor si la Doncella de Orleans estaba a la cabeza.

Y a la cabeza estaba Juana. Tomando su estandarte, llamó a los hombres. Se lanzaron hacia adelante, corriendo hacia las paredes de París con un celo implacable. Juana estaba al frente del ejército, con su estandarte al frente mientras embistieron el foso. El aire se llenó con el estallido y el trueno de los culverins —cañones medievales— montados en las colinas cercanas; por cada descarga que Francia disparaba, los parisinos regresaban, lloviendo misiles de piedra sobre los hombres de Juana. Las ballestas vibraban, sus pesados virotes caían en las filas; las espadas chocaban cuando arrojaban garfios por las paredes y comenzaban a trepar, luchando arduamente para evitar ser derribados. Fue un caos de muerte y destrucción, pero según un testigo presencial llamado Perceval de Cagny, ninguno de los hombres de Juana resultó gravemente herido, aunque muchos fueron abatidos por balas de cañón.

Sin embargo, los parisinos no retrocedieron, y las fortificaciones de la gran ciudad se mantuvieron firmes. Hora tras hora, los hombres de Juana lucharon contra las defensas, y muchas veces estuvieron peligrosamente cerca de invadirlos por completo, pero cada vez los parisinos lograban hacerlos retroceder. El sol se deslizó bajo en el cielo, bañando a los soldados primero en oro, luego en el crepúsculo cuando el anochecer se asentó sobre el paisaje. A lo largo de todo, Juana no dudó. Ella se levantó sobre las edificaciones externas, su pancarta en alto, y los llamó hacia adelante con la voz que habían seguido tantas veces a la victoria.

Con su estandarte blanco volando tan orgullosamente, se convirtió en un blanco perfecto. Un ballestero parisino apuntó con cuidado hacia ella y apoyó la pesada ballesta sobre su hombro. Luego disparó. El virote cantaba en el aire, algo terrible, pesado, mortal y brutal en su simplicidad. Hubo un ruido de matanza, un corte de piel, y Juana se derrumbó. El virote le había atravesado el muslo. Se derrumbó en la tierra, la sangre brotó de la herida irregular en su pierna del virote de la ballesta que sobresalía cruelmente de su joven piel. Llorando de dolor, de alguna manera todavía logró luchar para sentarse. Observó que sus soldados habían vacilado, e incluso mientras apretaba su herida y sentía su propia sangre tibia deslizándose entre sus dedos, sabía que tenía que devolver la esperanza que había en ellos. Alzando la voz, continuó instándolos a avanzar, y renovaron el asalto.

Sin embargo, no pasó mucho tiempo antes de que Carlos decidiera que la lucha fue inútil. Los hombres habían estado luchando contra las defensas de París durante horas, y estaban exhaustos. Él ordenó un retiro. Juana tuvo que ser llevada físicamente del campo de batalla mientras lloraba porque sus voces le habían dicho que continuara el ataque.

Al día siguiente, Juana, acostada en su cama en La Chapelle con la pierna en alto, le indicó a Carlos que, si atacaba a París nuevamente hoy, la ciudad sería suya. Pero Carlos la había encontrado mucho más fácil de creer cuando era una doncella blindada a caballo, no esta chica pálida y herida que yacía en un lecho de enfermo. Él suspendió el ataque. El asedio de París fue declarado un fracaso, y se convirtió en la primera derrota que sufrirían los franceses desde que Juana de Arco se unió a sus filas.

Capítulo 15 - Paz

La derrota en París pareció liberar todo el fuego y la energía del rey Carlos una vez más. Aunque la victoria parecía estar tan cerca, tuvo que enfrentarse a un hecho innegable: no podía permitirse el lujo de pagar a sus tropas. Las ciudades que habían capturado apenas habían comenzado a pagar impuestos una vez más; el enorme ejército que Carlos había acumulado para llegar a Reims ahora necesitaba ser pagado, y sus arcas estaban vacías después de años de recaudar impuestos de casi solo Bourges. En cambio, Carlos tuvo que disolver la mayor parte del ejército, enviando a muchos de sus soldados a casa.

El invierno se acercaba rápidamente. Cuando Juana se recuperó de la herida que había recibido en París, las hojas cayeron de los árboles y la primera helada comenzó a inundar el paisaje por la noche. Así, también, el florecimiento del poder de Juana comenzó a desvanecerse. Aunque, según los informes, sus voces nunca la abandonaron, la confianza de Carlos sí. Ya no era el desesperado "rey de Bourges" que Juana había conocido en Chinon hace más de seis meses. No, ahora era rey, un rey que había recibido la unción sagrada y había conquistado más territorio en tres meses de lo que Francia había podido reclamar en años de guerra. De repente, Juana ya no era necesaria.

No se puede decir que Carlos la maltrató durante este tiempo. Parecía ansioso de que ella fuera feliz, proporcionándole todo tipo de lujos, una existencia opulenta que habría sido casi incomprensible para esta chica de campo ordinaria que había crecido entre campesinos. La familia de Juana había sido considerada rica porque siempre tenían algo sobre la mesa para cenar; muchas de las personas con las que creció se habían acostado hambrientas, por lo que aquellos que se consideraban acomodados simplemente tenían sus necesidades cubiertas. Había espacio para la alegría y la diversión, pero no había absolutamente nada para el exceso o el lujo en sus vidas simples. Sin embargo, ahora Juana se encontraba viviendo en una gran mansión, atendida a pies y manos por mujeres que nacían mucho mejor que ella. Le dieron ropa extravagante y le ofreció los mejores manjares que Carlos pudo encontrar para comer. Se hizo un manto dorado para que lo usara sobre su armadura manchada de batalla. Pero nada de esto era lo que Juana quería. Su corazón anhelaba una sola cosa: honrar las voces. Y le dijeron que saliera y derrotara al enemigo que aún controlaba la mayoría de Francia.

Para Carlos y sus asesores, sin embargo, la decisión fue definitiva. Habían creído en Juana cuando no tenían otra opción, pero ahora que se sentían bastante seguros en su posición, ya no confiarían en ella. Nunca más volvería Juana de Arco a la cabeza del ejército. En cambio, podría liderar grupos reducidos en escaramuzas ocasionales, generalmente solo contra los bandidos y saqueadores que plagaron a Francia ahora que un ejército entero repentinamente se encontró sin nada que hacer. Mientras Carlos negociaba treguas con los duques de Borgoña y Bedford, Juana se sentía encerrada, atrapada y acorralada sin ninguna forma de obedecer a los santos que creía que la estaban guiando. Un historiador eligió usar las palabras "languidez mortal" para describir su condición, y probablemente fueron precisas.

Algunos de sus aliados, sin embargo, hicieron un esfuerzo por ayudarla. El duque de Alenzón intentó organizar una campaña en Normandía, pero Carlos se negó absolutamente a permitir que Juana lo acompañara. Desanimado, el duque disolvió sus tropas. Eventualmente, fue el propio Carlos el que le permitió a Juana volver al campo de batalla una vez más. Independientemente de cuánto dolor y preocupación le hubiera hecho pasar a Juana al mantenerla con su corte, parece que Carlos se preocupaba por su bienestar, y finalmente tuvo que enfrentar el hecho de que mantener a Juana fuera del campo de batalla podría estar protegiendo su cuerpo, pero le estaba rompiendo el corazón. Le permitió unirse a una pequeña campaña que recorría Francia y sometía a los pequeños pueblos que quedaban dentro del territorio de Carlos que aún no se habían rendido.

Una de ellas fue la ciudad de St. Pierre-le-Moutier. Era un pueblo pequeño, pero cuando Juana llegó a él con un viejo amigo y comandante militar llamado Jean d'Aulon al mando de sus tropas, inmediatamente presentó una resistencia extenuante. El pequeño ejército de Juana atacó, impulsado por la Doncella que insistió en que la ciudad iba a caer. Sin embargo, parecía que esta batalla sería un eco horrible de lo que había sucedido en París. El ataque fue un desastre. D'Aulon hizo sonar la retirada, llevando a sus tropas a un lugar seguro; él mismo resultó herido, al igual que muchos de sus hombres. Estaba luchando por retirarse con una pierna lesionada cuando notó, para su horror, que Juana no había atendido la orden. En cambio, se puso de pie contra el bombardeo de los defensores prácticamente sola, con solo media docena de hombres valientes que se mantuvieron firmes a su lado.

D'Aulon había sido comandado personalmente por el rey de no permitir que le pasara nada a Juana, por lo que no podía dejarla atrás. Apresurándose hacia ella, gritó, pensando que tal vez ella no había escuchado la orden. "¡Juana, retírate, retírate!", exclamó mientras su ejército avanzaba a la distancia en pánico desmedido. "¡Está sola!"

La cara de Juana estaba radiante cuando se volvió hacia él, como bañada por la luz celestial. Ese brillo de otro mundo estaba en sus ojos azules nuevamente mientras hablaba. "¡Todavía tengo conmigo cincuenta mil hombres!", exclamó, su risa repleta de confianza. "¡Al trabajo, al trabajo!" su voz alzada sonó en todo el campo. Su tono claro parecía despertar al ejército en retirada de su ferviente pánico, y mientras d'Aulon trabajaba junto con Juana para reunir a los hombres, se unieron y renovaron el ataque. Cuando St. Pierre-le-Moutier finalmente cayó después del segundo ataque, debió de sentirse como una redención para Juana después del fracaso en París. Llevó a muchos de sus contemporáneos, e historiadores, a cuestionar si París hubiera caído si Juana hubiera tenido esas pocas horas adicionales que pidió.

De cualquier manera, St. Pierre-le-Moutier sería la última gran victoria de Juana. La paz comenzaba a descender sobre Francia, un tiempo de relativa tranquilidad y alivio para la gente. Pero para Juana, sus días de gloria habían terminado. Su sufrimiento apenas comenzaba.

Capítulo 16 - Captura

El tratado que Carlos había logrado negociar con los borgoñones duró poco. En la primavera de 1430, la frágil paz se había desintegrado, y los soldados de Borgoña comenzaron a marchar sobre las ciudades francesas una vez más. El plan del duque de Borgoña era apoderarse de los pueblos y ciudades a lo largo del río Oise, protegiendo así a París de otro intento del ejército francés: sabía que la ciudad había estado peligrosamente cerca de desplomarse.

Una de estas ciudades, y una de las primeras que planeaba asediar, fue Compiègne. Era un pueblo pequeño y no completamente fortificado, pero sus habitantes habían declarado su lealtad al rey Carlos VII poco después de su coronación; ahora, el duque de Borgoña estaba decidido a reclamarlo. Emitió una carta al cuartel de la ciudad, dándoles un duro recordatorio de que, legalmente, la ciudad le pertenecía. No era una amenaza vacía, pero era una amenaza que no intimidaba a los ciudadanos de Compiègne. En lugar de someterse al duque de Borgoña, se prepararon para la guerra.

Juana sabía ya en marzo de 1430 que el peligro aguardaba a Compiègne; si sus voces le habían contado al respecto o si se había enterado por medios más terrenales, no está claro. De cualquier manera, ella sabía que tenía que hacer algo. Carlos se negó a darle tropas para comandar; fue algo duro para una mujer que una vez había liderado todo el ejército, pero parecía que Carlos estaba satisfecho con las victorias que habían ganado y no deseaba apostar más de su poder sobre Juana y sus visiones. Pero ella estaba lejos de ser impotente. Ella seguía siendo una de las mujeres más famosas de la época, y los franceses se unirían a su alrededor, con o sin el rey. Para abril, había reunido a varios cientos de hombres y los había llevado a Compiègne a principios de mayo, probablemente sin el conocimiento del rey.

Durante tres semanas, Juana residió en la ciudad, disfrutando de su nueva libertad. A pesar de que ella siempre había honrado a Carlos como su rey, incluso cuando aún no era rey, su obediencia a sus voces era más importante para ella que cualquier otra cosa. En cualquier caso, Carlos no había tratado de detenerla. Tal vez él creía que ella estaba relativamente segura en Compiègne, aunque él envió algunos refuerzos allí, por lo que era evidente que sabía que Borgoña atacaría la ciudad.

Las tropas de Borgoña ya habían acampado alrededor de la ciudad cuando Juana y sus tropas arribaron. Se habían deslizado al amparo de la oscuridad y, a medida que pasaban las semanas, los borgoñones seguían apretando el nudo. Mientras tanto, Juana y el comandante de la ciudad, Guillaume de Flavy, estaban trabajando juntos en un plan para liberar a Compiègne. Implicaba una salida contra los campamentos de Borgoña con el plan de retirarse de nuevo a Compiègne si fuera necesario, pero el objetivo era derrotar a los borgoñones para que no fuera necesario un retiro.

El plan se puso en práctica el 24 de mayo. Juana condujo al ejército a última hora de la tarde, una figura deslumbrante y resplandeciente brillaba en su jubón dorado, y los bordes fluían sobre las patas de su semental mientras su caballería galopaba tras ella hacia el primero de los campamentos. Pero estaban gestándose los problemas. Había llegado una fuerza inglesa para ayudar a Borgoña, y se dirigía rápidamente hacia la ciudad, hacia Juana y su pequeño ejército.

De vuelta en el camino elevado que conducía a Compiègne, Guillaume de Flavy y sus hombres fueron los encargados de proteger el camino para garantizar que la caballería pudiera retirarse de manera segura si fuera necesario. Observaron con inquietud cómo Juana lideraba su embestida. Llegando a las filas de los borgoñones, liderados por esa bandera blanca, los franceses se estrellaron contra sus enemigos; desde el bulevar cerca de las murallas de la ciudad, los cañones gritaron, su fuerte estallido llenó el dulce aire primaveral, y los ingleses que llegaban fueron arrojados por fuego pesado.

Pero también lo fue Juana. Su caballería fue empujada hacia atrás y forzada a retirarse en una corta distancia para reagruparse. Varios de sus hombres volvieron la vista hacia el acogedor camino abierto de regreso a la ciudad, custodiados por un puente levadizo y un pórtico elevado. Pero Juana pronto dejó de pensar en retirarse. Al decir que la victoria era segura, blandió su estandarte y colocó espuelas en su caballo. Renovaron su ataque, se colocaron contra los borgoñones y esta vez salieron victoriosos.

Sin embargo, cuando la primera línea de borgoñones se derrumbó, otro campamento galopaba en su ayuda. Juana hizo girar a su caballería justo a tiempo para enfrentarlos. Ella y sus hombres se encontraron en apuros en ambos lados, luchando brutalmente contra sus atacantes; Juana siempre estaba en el centro de todo, nunca atacaba, pero siempre sostenía su estandarte y gritaba aliento a cualquiera que pudiera escucharla.

Sin embargo, esta vez, no fue suficiente. Los refuerzos ingleses comenzaban a abrirse paso. Ola tras ola de enemigos se precipitó sobre los soldados de Juana, y su coraje comenzó a fallar frente a un número abrumador de enemigos. Eran ampliamente superados en número, y Juana lo notó. Mantuvo la calma, reuniendo a sus hombres con gritos de aliento, sabiendo que su plan había permitido un retiro si era necesario. Ella ordenó la retirada, y sus hombres balancearon sus caballos y los condujeron hacia su casa. Los caballos no necesitaban que se les ordenara dos veces. Regresaron corriendo hacia Compiègne, todos excepto el semental de Juana. Retenido, luchó y se sucumbió, queriendo seguir a sus aliados, pero Juana lo sostuvo adentro, su estandarte se rompió sobre su cabeza, su única protección. Solo lo dejó ir una vez que cada uno de sus hombres sobrevivientes se habían separado de la batalla. Luego siguió en la retaguardia de sus tropas, manteniéndose entre ellos y el enemigo, como siempre había estado al frente de cada ataque.

Galoparon hacia Compiègne, los cascos de sus caballos resonaban en la carretera elevada. Estaba muy cerca. La seguridad estaba a solo unos pocos metros de distancia, con el primero de los hombres de Juana llegando al puente levadizo. Ella misma estaba en el camino, cruzando el puente, cuando Guillaume de Flavy exclamó una orden para cerrar el puente levadizo. Los borgoñones estaban pisándole los talones a los franceses, y él creía que cerrar la ciudad era la única forma de salvarla. O tal vez su traición fue intencional; la verdadera historia detrás de sus acciones se ha perdido en el tiempo. Sin embargo, de cualquier manera, sabemos una cosa. El puente levadizo se cerró de golpe. El rastrillo cayó a la tierra. Y Juana de Arco, la heroína de Francia, estaba atrapada. Detrás de ella, tenía una horda de enemigos furiosos decididos a derrotar a esta bruja y, frente a ella, una puerta cerrada por sus propios aliados.

Un grupo de la guardia personal de Juana se había quedado cerca de ella, y ahora se volvieron para enfrentarse al grupo de borgoñones que los atacaba. Era una pelea que sabían que iban a perder, incluso sabiendo que no tenían más remedio que luchar. Uno por uno, fueron cortados, masacrados por sus enemigos, hasta que solo quedó Juana. Dio la vuelta a su caballo, tratando de encontrar un camino seguro, pero no había ninguno. Fue un rudo arquero borgoñón quien la alcanzó primero, un hombre burlón, con el rostro repleto de odio al ver a esta mujer que había hecho lo que nadie más había podido hacer. Antes de que Juana pudiera escapar, él tomó su reluciente jubón dorado y tiró de ella. La arrancaron de la silla de montar y la estrellaron contra la tierra, su armadura estaba abollada y manchada de polvo, sin aliento tras el golpe de su caída.

* * * *

A Juana no le quedaba más remedio que rendirse. Fue capturada inmediatamente y arrastrada desde el campo de batalla por sus enemigos. Si bien Compiègne había sido defendida y estaba a salvo de Borgoña por el momento, la batalla difícilmente podría considerarse una victoria. El arma más letal que Francia había tenido durante la Guerra de los Cien Años, uno de los comandantes militares más singulares, más improbables y, sin embargo, más exitosos que había conocido se había perdido. Se había ido, llevada al cautiverio, perdida en Francia. Y no pasaría mucho tiempo antes de que ella también se perdiera en este mundo.

Capítulo 17 - Cautiva

Juana fue llevada al cercano castillo de Beaurevoir, donde debía comenzar su largo cautiverio. No fue algo inesperado para ella. A principios de abril, testificó que Santa Catalina y Santa Margarita la habían visitado y le indicaron que pronto sería capturada y obligada a soportar un largo e infeliz encarcelamiento. Juana les rogó que lo hicieran de otra manera, para permitir que la mataran en la batalla en lugar de enfrentarse a estar atrapada en una fortaleza enemiga, pero las voces eran implacables. Dijeron que Dios la ayudaría, pero no había otra manera. Ella iba a convertirse en prisionera.

Y ahora, como prisionera que era, quizás la prisionera más valiosa en la historia de la Guerra de los Cien Años, a pesar de que reyes y príncipes se habían encontrado tras las rejas en algún momento durante su curso desdichado y complicado. Valiosa como era, sin embargo, no fue tratada correctamente. Décadas atrás, el rey Juan II de Francia había sido encarcelado en Inglaterra; le habían otorgado una vida lujosa con músicos de la corte y un hogar confortable para llamarlo suyo. Ninguno de estos privilegios se le otorgó a Juana. Durante mucho tiempo había sido vista con extrema sospecha, y ahora que estaba en manos de sus enemigos, no iban a tratarla con nada más que la dureza que sentían por una hechicera.

Es un hecho triste y amargo que Juana no tenía esperanzas de rescate. Había cambiado efectivamente a Carlos de un Delfín desesperado, a punto de huir a Escocia para vivir una vida en el exilio deshonrado, al rey de Francia que comandaba un ejército y controlaba gran parte de su país una vez más, sin embargo, no le ayudaría de ese cautiverio. Carlos se enteró de su captura, pero se desentendió. Escribió algunas cartas amenazadoras a Inglaterra y Borgoña durante el cautiverio de Juana, pero no tomó ninguna medida. No hubo ningún intento de rescatarla, y Carlos no reunió a su ejército e intentó tomar el castillo donde la mantenían. Sus acciones apuntaban al abandono; su actitud de ingratitud.

Mientras tanto, Juana estaba atrapada en la torre de Beaurevoir, a la que constantemente asistía un guardia masculino. Esto inmediatamente comenzó a plantear un problema. A pesar de que Juana se comportó con modestia en todos los sentidos, seguía siendo una mujer, una mujer joven, hermosa y bien formada, y comenzó a atraer atención no deseada casi de inmediato. Es difícil comprender exactamente lo duro que debe haber sido este cautiverio para Juana. Había crecido en un pequeño pueblo que se enorgullecía de su fe católica, un lugar formado por granjeros y comerciantes que se conocían y se habían conocido por generaciones, un lugar demasiado pequeño para el escándalo. Entonces ella había sido la doncella, la virgen que iba a salvar el reino, venerada y tratada siempre con respeto. Ahora era solo una prisionera, y se encontró a sí misma teniendo que luchar contra las insinuaciones lascivas de sus guardias y visitantes, esforzándose al máximo por mantenerse pura de la forma en que había prometido a su Dios que lo haría.

En su desesperación, Juana recurrió a la misma defensa que había empleado en su viaje a Chinon: la ropa de hombre. Las ajustadas calzas de la época, metida en las botas, era al menos algo de protección contra aquellos que pensarían en violarla. Aunque sus captores a menudo intentaban persuadirla de lo contrario, ella se negó a usar un vestido de mujer. En una época en la que nunca se veía a las mujeres usar ningún tipo de pantalón, era escandaloso, extraño e incluso, para algunos ojos, un acto de pecado. Sin embargo, para Juana, era un intento de pánico de mantener su pureza.

Entre su temor por su virginidad y su preocupación por cómo iban las cosas en el resto de Francia, Juana fue llevada a extremos en sus intentos de escapar de Beaurevoir. Su primer intento se realizó tan pronto como el 6 de junio, cuando logró cerrar la puerta con el guardia en la torre e intentó huir. Su plan se vio frustrado cuando un portero se topó con ella en ese momento y logró recapturarla.

Su siguiente y más peligroso intento se produjo en octubre, poco después de la visita de un caballero desalmado que hizo todo lo posible por agravarla.

* * * *

La misma torre donde Juana había tratado de encerrar a su guardia era su prisión. Solo se le permitía una pequeña libertad: caminar alrededor de la parte superior de la torre y contemplar el campo entre las almenas. Estaba a más de dieciocho metros del suelo, y no había forma de descender: solo la caída escarpada por las paredes hasta el suelo rocoso. Una mañana, mientras Juana estaba de pie en el frío aire otoñal, contempló el precipicio y un pensamiento llenó su mente.

Incluso ahora, abandonada y encarcelada, Juana no tenía intenciones de quitarse la vida. Pero una esperanza audaz comenzó a latir en su pecho. Si ella, una joven campesina, pudo levantar en solo días un asedio que había durado tres cuartos de año, seguramente escapar de esta torre no era un milagro imposible. Se acercó a las almenas y subió a la pared baja, manteniendo las manos apoyadas contra las almenas a cada lado de ella. La caída se abría debajo de ella, pero no lograba asustarla. Tal vez si saltara, pudiera correr, desaparecer en el campo y encontrar el camino de regreso a sus hombres.

Más tarde, Juana contaría cómo habían llegado sus voces en ese momento y le rogaron que no saltara, instándole que no era la voluntad de Dios. Pero esta era la única vez en que ella elegiría ignorarlos. Juana saltó. El viento aullaba contra ella, enganchando su cabello en crecimiento, gritando en sus oídos mientras el suelo se acercaba cada vez más.

Golpeó el suelo con una fuerza que la dejó sin sentido. El impacto debería haberla matado. En cambio, Juana escapó con solo una conmoción cerebral y algunos rasguños y contusiones; cada hueso de su cuerpo todavía estaba completamente intacto.

* * * *

En noviembre de 1430, poco después de su intento de fuga, Juana fue vendida como un objeto. Los borgoñones todavía estaban aliados con los ingleses, y después de meses de negociaciones, acordaron venderla a sus amigos ingleses por la suma de 10.000 *livres tournois*. Fue enviada sin ceremonias a Ruan a finales de diciembre, luego a una fortaleza de dominio inglés en Francia, y fue aquí donde su cautiverio comenzó a empeorar.

Mientras la mantenían en una celda de la torre en lugar de la mazmorra, Juana todavía tenía que lidiar con el frío, la oscuridad, la humedad y las plagas, y esto no era solo en forma de ratas. Los guardias ingleses eran incluso peores que los borgoñones. Juana estaba aterrorizada por ellos y, para empeorar las cosas, no se podía caminar libremente en Ruan como lo había hecho en Beaurevoir. Tal vez debido a sus intentos de fuga, Juana ahora estaba retenida no solo en una celda sino también en cadenas. Sus piernas estaban encadenadas entre sí y a su cama; las cadenas estaban tan apretadas que no podía caminar sin ayuda. Para una mujer joven que nunca había conocido otra cosa que libertad, este tratamiento debe haber sido completamente intolerable. Había crecido corriendo por los campos de Domrémy y luego vivió a la vanguardia del ejército de Carlos, montando un semental a través de la inmensidad de Francia; sin embargo, ahora era como un castigo moverse solo de su cama a la celda de al lado, que servía como su vulgar y apestoso inodoro.

Para empeorar las cosas, los ingleses, a pesar de todas sus leyes, estaban decididos a acosar a Juana en todo lo que pudieran encontrar.

Las prisioneras solían ser mantenidas en un convento en lugar de una celda, donde las vigilaban monjas y nunca las ataban. Los prisioneros de guerra, por otro lado, fueron tratados con la misma severidad que Juana. Sin embargo, al menos los prisioneros de guerra tenían la leve esperanza de ser liberados una vez que terminara la guerra.

No habría nada de esta esperanza para Juana. Poco después de su llegada a Ruan, se hizo evidente que los ingleses no tenían intenciones de liberarla. Iban a juzgarla. E iban a ejecutarla, fuese el juicio justo o no.

Capítulo 18 - Una Santa Juzgada por Herejía

Ilustración VIII: El interrogatorio de Juana por el cardenal de Winchester

Todo sobre el juicio de Juana fue tendencioso e injusto.

Para empezar, no había motivos para comenzar un juicio eclesiástico. Gran parte de su juicio fue registrado, y los documentos al respecto han sido estudiados ampliamente por todo tipo de expertos a lo largo de los siglos, y sin embargo ninguno de ellos pudo encontrar evidencia que justificara, en las leyes de esa época, la decisión de someterla a juicio. De cualquier manera, fue llevada a juicio, y fue evidente de inmediato que no se trataba de un juicio real. Fue simplemente un intento de desacreditar a Juana tanto como fuese posible antes de su inevitable ejecución.

La corte que se reunió para juzgar a Juana estaba compuesta casi en su totalidad por ingleses, borgoñones y sus simpatizantes. Aquellos que se atrevieran a cuestionar la agenda del juicio fueron secretamente amenazados de muerte si se negaban a cumplir. Para empeorar las cosas, muchos de los documentos involucrados en el juicio de Juana fueron falsificados para garantizar que no pudiera ganar. Y el último golpe fue rechazarle a Juana cualquier forma de representación legal. Ella se representó a sí misma. No tenía otra opción.

Sin embargo, pronto se volvería evidente para los captores de Juana que esto no era un problema tan grave para ella como esperaban que fuera. La doncella de Francia estaba a punto de sorprender a todos a su alrededor una vez más. Una última vez.

* * * *21 de febrero de 1431. Solo habían pasado un par de meses desde que llevaron a Juana a Ruan, y ya se encontraba ante la corte, enfrentando una sala repleta de enemigos sin un solo aliado que acudiera en su ayuda. Había sido abandonada por todos, todos menos sus voces y, sin embargo, de alguna manera, parecían ser suficientes para ella. Entró en la habitación completamente serena, y eso fue lo primero que puso nerviosa a la corte. Probablemente nunca habían visto a Juana en sus vidas; esperaban que estuviese temblando de miedo, algo asustada y temblorosa al ser una chica que solo tenía respuestas desorientadas y tambaleantes. Después de todo, solo era una campesina analfabeta.

En cambio, al entrar en la habitación, Juana se mostró con la humildad de un santo, pero con la confianza de una reina. Le dirigió una mirada fija a la habitación con sus inusuales ojos azules, y al instante pudieron ver que no tenía miedo. Para empeorar las cosas, sabían (aunque probablemente ella no), que ya se había realizado una investigación preliminar y se entrevistó a personas de su pasado para determinar su carácter. Nadie había podido decir nada en contra de ella, por lo que los ingleses sabían que iban a tener que dejarlos fuera para encontrar algún tipo de justificación para su muerte.

El obispo Pierre Cauchon le hizo la primera pregunta a Juana, una rutina sobre el juramento bajo el cual ella testificaría. "¿Juras decir la verdad en respuesta a las preguntas realizadas?", preguntó.

Juana lo miró con ojos firmes. Había esperado que murmurara mansamente un sí. En cambio, su respuesta fue tan valiente como la del examen en Poitiers. "No sé en qué desea examinarme", mencionó con calma, sabiendo muy bien que nadie podía probar realmente por qué estaba en juicio. "Tal vez podría preguntar cosas que yo no diría".

Esto establecería el tono para todas las respuestas de Juana durante el juicio. Ella se negó a aceptar el juramento y, en consecuencia, se negó a dar respuestas completas durante gran parte del juicio también. Con respecto a sus santos y voces, ella describiría quiénes eran y lo que habían dicho con claridad, pero se negó a entrar en demasiados detalles sobre su apariencia, diciendo que no tenía permiso para revelar todo sobre ellos. En cuanto a su audiencia con Carlos, ella se negó absolutamente a compartir los detalles confidenciales de su primera reunión. "Pregúntele", le dijo a la corte con valentía.

Pero no habría que preguntarle a Carlos. Carlos no asistiría a ninguno de los juicios. Juana estaba sola ante algunos de los teólogos más prestigiosos del mundo y, sin embargo, no se desanimó en absoluto.

El primer día de su juicio, sus fiscales le indicaron que, si intentaba escapar de Ruan, como había seguido intentando, sin inmutarse por su experiencia cercana a la muerte en Beaurevoir, sería condenada inmediatamente por herejía. Juana rechazó esta declaración de inmediato, sabiendo que era ilegal. Ella continuaría negándose a jurar decir la verdad en todos los aspectos, aunque fue muy comunicativa con mucha información sobre las voces.

Durante los siguientes días, Juana sería interrogada todos los días en algo que se parecía más a un interrogatorio que a un juicio. Todos los días discutía con el tribunal sobre el juramento, y todos los días el tribunal intentaba un nuevo ángulo para demostrar que sus voces no eran más que una alucinación, una manifestación psicológica de una peculiaridad fisiológica que surgió como resultado de sus hábitos o de su salud. Hasta el día de hoy, aunque muchos expertos en el campo de la medicina han estudiado su caso, todavía no se puede afirmar de dónde provenían estas voces. Era demasiado robusta para haber sufrido una de las enfermedades típicas de la época y demasiado lúcida para haber tenido una enfermedad mental reconocible.

Juana testificó que las voces seguían con ella y que una le había hablado el mismo día de una de sus sesiones, diciéndole que respondiera con valentía; "Dios te ayudará". Y audazmente ella respondió, algunas veces criticando a sus interrogadores diciéndoles que no tenía nada que decirles o describiendo eventos o visiones con una claridad y calma que nadie podría haber esperado. Fue interrogada sobre todos los aspectos de su vida, desde las profecías que la rodeaban hasta las visiones que experimentó, sus campañas y sus relaciones con los demás. También se le hicieron preguntas teológicas, algunas de ellas tan complejas que se pensó que ningún campesino debería poder responderlas, ya que muchos teólogos no podían hacerlo.

Una de ellas fue "¿Usted sabe si está en la gracia de Dios?" En la Iglesia católica, esta fue una pregunta capciosa; responder "sí" se consideraría orgulloso y presuntuoso, mientras que responder "no" sería tan correcto como una confesión de pecar. La respuesta de Juana fue instantánea y sin dudarlo, y sorprendió a toda la corte. "Si no lo soy, que Dios me coloque allí; si lo soy, que Dios me guarde", respondió ella. Su respuesta dejó a sus interrogadores sin palabras.

De hecho, Juana a menudo respondió con una sabiduría y comprensión que sorprendió a la corte, y su juicio se convirtió en una vergüenza para los ingleses. Ya no se podía celebrar públicamente; en cambio, desde mediados de marzo en adelante, fue interrogada en prisión.

Entonces el juicio comenzó a empeorar. Aunque Juana no titubeó, comenzó a darse cuenta de que, independientemente de lo que respondiera, sería condenada. Ella comenzó a advertir a los fiscales que, si la juzgaban mal, Dios sería su protector. Presentada en su común forma tranquila y con sus ojos penetrantes, debe haber sido desconcertante. Pero los jueces estaban ganando terreno, comenzando a encontrar algo sobre lo que pudieran condenarla. No pudieron encontrar evidencia para acusarla de bruja, pero una cosa era innegable. Juana se había vestido frecuentemente como hombre. De hecho, parada en la corte misma, estaba vestida como un hombre mientras la interrogaban. Durante ese período, el travestismo se consideró un crimen atroz y un signo de herejía.

Por mucho que tanto Juana como los testigos que el tribunal cuestionó, entre ellos el propio Jean de Metz, argumentaron que vestirse como un hombre simplemente había sido una precaución razonable y normal, el tribunal reconoció que finalmente se había apoderado de algo que podía condenarla. A pesar de que Juana protestó porque solo llevaba puesta sus calzas en un intento por evitar la violación de sus guardias, el tribunal no hizo ningún intento por defender su virginidad. En cambio, después de semanas de juicio, el tribunal finalmente tomó una decisión. Juana fue encontrada culpable de travestismo. Y ella fue sentenciada a muerte.

Capítulo 19 - La Quema de Juana de Arco

"A medida que el perro vuelve a su vómito", indicaba la sentencia de muerte, "usted ha vuelto a sus errores y crímenes".

La calma de Juana se rompió, pero su convicción no. Las lágrimas cayeron por sus mejillas mientras escuchaba al obispo leer su sentencia de muerte. En un momento de lo que vio como debilidad, había confesado herejía el día anterior, pero rápidamente había renunciado a su confesión, y ahora era el 30 de mayo de 1431 y estaba a punto de ser quemada en la hoguera.

Ella continuó escuchando mientras el obispo leía su oración. La estaca estaba preparada, la leña yacía sobre su base. Ochocientos soldados la rodeaban armados hasta los dientes; incluso ahora, aún temían el poder de Juana de Arco.

"Decidimos", continuó el obispo, "que es un hereje reincidido, por nuestra sentencia actual que, asentado en un tribunal, proferimos y pronunciamos en este escrito; la denunciamos como un miembro corrompido..."

Juana rezó en voz baja para sí misma, alzando la mano hacia su pecho para sentir la pequeña y dura forma de una pequeña cruz de madera que uno de los soldados ingleses le había hecho, probablemente por la madera con la que estaba a punto de quemarse.

Su forma la tranquilizó un poco, permitiéndole permanecer en silencio y escuchar el resto de su oración.

Luego fue conducida al fuego. Fue seguida de cerca por Fray Martin Ladvenu, su confesor; llevó consigo el crucifijo de la iglesia local, que ella le había rogado que trajera para poder mirar el rostro de su amado Jesús mientras se quemaba. Lloró constantemente y se lamentó mientras estaba atada a la estaca, pero no se resistió. Y luego, sin más preámbulos, el fuego se encendió debajo de ella. Las llamas fueron consumiendo la madera, rugiendo cada vez más alto, más cerca de sus pequeños pies donde estaba parada en la estaca. Llevaba un vestido de mujer, pero su cabello todavía no era del largo habitual del período; caía, suelto y oscuro sobre sus hombros mientras mantenía sus ojos fijos en el crucifijo. Las llamas seguían aumentando, y cuando se levantaron, le rogó a Martin que levantara el crucifijo cada vez más alto. Él lo levantó, viendo las llamas reflejadas en sus brillantes ojos azules. Apenas parpadeó, incluso cuando el humo la envolvió.

"¡Jesús!" Fue un grito de ayuda o una súplica de piedad; nadie podría decirlo con certeza, pero su absoluta desesperación era innegable. "¡Jesús!", gritó de nuevo, sus ojos llenos de lágrimas todavía fijos en la cruz. "¡Jesús!"

Los espectadores estaban llorando; los soldados ingleses se quedaron llorando mientras observaban a Juana arder, las llamas se alzaban para cubrir su cuerpo, subían por los bordes de su vestido y le quemaban los brazos y las piernas.

"¡Jesús!", exclamó Juana. "¡Jesús!"

Hubo un momento de silencio. Juana ya estaba escondida en las llamas, en el corazón mismo del resplandor parpadeante. Luego vino un último grito. Era ruidoso y resonante, y había algo más que miedo en él. Algo que podría haber sido reconocimiento o incluso alegría.

"¡Jesús!"

Y entonces Juana de Arco murió.

* * * *

Cuando el fuego se apagó, los ingleses se aseguraron de examinar el hollín, buscando cenizas humanas para comprobar que Juana estaba muerta, que no habría regreso de la heroína más grande de Francia. Cuando encontraron sus cenizas, las llevaron al río Sena, donde fueron arrojadas descuidadamente al agua. Flotando y deslizándose dentro de las olas, estos pequeños copos grises fueron todo lo que quedó en la tierra de esta persona brillante y audaz. Su voz pura y aguda. Sus penetrantes ojos azules. Su postura recta sobre un caballo, la determinación firme con la que blandía su estandarte. Todo se había ido, ahora era solo un poco de polvo gris arrastrado por la corriente del Sena.

Pero Juana creía que este no era el final de la historia. Ella creyó, y le afirmó a fray Martin, que estaría en el paraíso por la gracia de Dios. Ella creía que estaría cantando y bailando en el cielo ese día con el Dios en el que confiaba. Y después de todo lo que había sufrido, después de la guerra que no había pedido, la traición que había sufrido y el encarcelamiento que tuvo que soportar, todavía creía que la eternidad que anhelaba valdría la pena.

Conclusión

Ilustración IX: Monumento a Juana de Arco, París

En los años posteriores a la muerte de Juana de Arco, Carlos VII continuaría gobernando sobre Francia, y se convirtió en un rey capaz que estableció uno de los primeros ejércitos permanentes en el mundo medieval. Este movimiento no solo aparecería como la primera sentencia de muerte de la era de la caballería, que eventualmente terminaría con la Edad Media, sino que también terminó con su victoria sobre Inglaterra en la Guerra de los Cien Años. Dos décadas después de la muerte de Juana, la guerra habría terminado. Francia obtuvo una victoria decisiva, y los ingleses fueron conducidos de regreso a Gran Bretaña, forzados a abandonar las fronteras de Francia para siempre en 1453.

El nombre de Juana aún permanecía en cada par de labios del reino, a pesar de que sus cenizas se habían disuelto en el Sena desde hacía mucho tiempo. Si bien la guerra fue ganada por un gran comando militar durante los últimos años del reinado de Carlos, nadie pudo negar entonces, o puede negar ahora, que la aparición de Juana de Arco provocó lo que podría considerarse un cambio milagroso en la guerra. Antes de que ella llegara a Chinon, Francia sin duda estaba perdiendo la guerra; para los ingleses y para el propio Carlos, parecía ser solo cuestión de tiempo antes de que Francia perdiera. Sin embargo, Francia no perdió. Ganó la guerra, y solo comenzó a ganar cuando una desconocida campesina adolescente llegó a la corte del rey y lo convenció de que Dios la había enviado para salvar a su país.

A pesar de que Juana sigue siendo una de las figuras más estudiadas de la Edad Media, los científicos aún no han podido determinar la causa de sus visiones. Cualquiera que fuera su causa, la convirtieron en una de las figuras más legendarias de Francia, un símbolo de la identidad nacional del país, y una de las primeras mujeres guerreras que comenzarían a cambiar el rumbo en un mundo dominado por hombres.

En 1452, mucho después de su muerte, pero antes de que la guerra terminara oficialmente, la madre de Juana solicitó un nuevo juicio. Ella sabía muy bien que su hija había muerto injustamente, y no podía soportar ver a Juana pasar a la historia como una hereje. El papa Calixto III aceptó el juicio, y después de tres años de investigación, el nombre de Juana fue limpiado en 1456. En cambio, el obispo que la había juzgado, Pierre Cauchon, fue declarado culpable de herejía por perseguirla debido a su agenda política.

En los años que siguieron, se erigieron múltiples estatuas y otros monumentos a Juana. Algunos de los lugares que jugaron un papel clave en su vida, como su lugar de nacimiento y la torre en Ruan donde fue encarcelada, todavía existen y se han convertido en importantes atracciones turísticas. Estatuas de su figura en París y Orleans, entre otros. Se han escrito múltiples libros y películas sobre ella, incluida una famosa biografía de Mark Twain.

Juana también ha sido objeto de algunas teorías interesantes, algunas de las cuales la celebran como un genio, otras la llaman demente, pagana o simplemente un mito. Una cosa que sigue siendo segura es que Juana es una figura misteriosa, y muchas preguntas sobre su vida aún quedan sin respuesta por la historia y la ciencia. Para la fe cristiana, ella es un símbolo de lo que Dios puede hacer a través de personas simples y comunes.

Este hecho se demostraría hace poco más de cien años cuando Juana fue oficialmente canonizada en 1909, 497 años después de su nacimiento. Se hizo conocida como Santa Juana, la santa patrona de Francia. Ahora, un día festivo se ha dedicado a ella, así como una fiesta nacional; muchas canciones de la Primera Guerra Mundial la mencionaron y hablaron de su historia, e incluso hoy, ella sigue siendo un símbolo de esperanza e inspiración.

Aun así, existe tragedia en la historia de Juana. En sus propias palabras, ella nunca había pedido ser una doncella guerrera. Todo lo que quería era una vida simple y ordinaria hilando lana en la pequeña y aburrida Domrémy. En cambio, tuvo que soportar batallas y traiciones, juicios y ejecuciones, falsedades y dudas. Moriría con una horrible y dolorosa muerte de mártir a la edad de solo diecinueve años, condenada por la misma iglesia a la que sirvió tan fervientemente. Y, sin embargo, según Juana, ella sabía lo que se avecinaba. Había entrado en su propia muerte con los ojos abiertos, impulsada por su apasionada devoción a su fe y a Francia.

Juana era muchas cosas: misteriosa, decidida, enigmática, fiel e indudablemente un poco inusual. Sin embargo, un aspecto se destaca a lo largo de su historia, recorriendo el tapiz de su vida como un hilo dorado. En una guerra iniciada por la avaricia, cuando un rey hambriento de poder decidió que un reino simplemente no era suficiente, las acciones de Juana estaban marcadas por el desinterés. Una y otra vez, eligió un curso que a menudo resultaba en dolor e infelicidad para sí misma. Si no lo hubiera hecho, Francia nunca habría ganado la guerra. Y la historia hubiera sido muy diferente.

Fuentes

La Guerra de los Cien Años: Una Cautivadora Guía de los Conflictos entre la Casa Inglesa de Plantagenet y la Casa Francesa de Valois que tuvo lugar durante la Edad Media, Historia Cautivadora, 2018.

https://en.wikipedia.org/wiki/Bede

https://www.jeanne-darc.info/biography/prophecies/

https://en.wikipedia.org/wiki/Hundred_Years'_War

Ilustración I: por Arnaud 25 - Trabajo propio, CC BY-SA 4.0. https://commons.wikimedia.org/w/index.php?curid=53420390

https://en.wikipedia.org/wiki/Bible_translations_into_French#Chronological_list

https://www.historytoday.com/richard-cavendish/joan-arc-born-domr%C3%A9my

https://sites.google.com/site/byuhistory201group6/group-project/the-lancastrian-phase

https://en.wikipedia.org/wiki/Treaty_of_Troyes

https://www.encyclopedia.com/history/modern-europe/treaties-and-alliances/treaty-troyes

http://movies2.nytimes.com/books/first/g/gordon-joan.html

https://en.wikipedia.org/wiki/Carlos_VI_of_France#English_invasion_and_death

https://en.wikipedia.org/wiki/Henry_VI_of_England

https://www.jeanne-darc.info/biography/visions/

https://www.thoughtco.com/medieval-child-teens-at-work-and-play-1789126

https://en.wikipedia.org/wiki/Catherine_of_Alexandria

https://en.wikipedia.org/wiki/Margaret_the_Virgin

https://injoanofarcsfootsteps.com/articles/tag/robert-de-baudricourt/

https://en.wikipedia.org/wiki/Robert_de_Baudricourt

Ilustración II: Por la vida de Juana de Arco, vol. 1 y 2, Anatole Francia; http://www.gutenberg.org/etext/19488, Dominio público.

https://commons.wikimedia.org/w/index.php?curid=1553037

http://www.maidofheaven.com/joanofarc_vaucouleurs.asp

https://en.wikipedia.org/wiki/Battle_of_the_Herrings

https://www.stewartsociety.org/history-of-the-stewarts.cfm?section=battles-and-historical-events&subcatid=1&histid=506

https://en.wikipedia.org/wiki/Carlos_VII_of_France#King_of_Bourges

https://medium.com/interesting-histories/interesting-histories-joan-of-arc-7512922e41d0

Ilustración III: por Andrew C.P. Haggard (1854-1923) modificado y coloreado por Rinaldum - fuente original: Andrew C.P. Haggard: Francia de Juana de Arco Nueva York John Lane Company 1912 transferido a los Comunes de fr: Imagen: Portrait jeanne d'arc.jpg, que fue tomada de lib.utexas.edu (la fuente original de la imagen estaba aquí, versión archivada), Dominio público.
https://commons.wikimedia.org/w/index.php?curid=94591

http://www.maidofheaven.com/joanofarc_quote_I_am_not_afraid.asp

https://www.jeanne-darc.info/trials-index/the-examination-at-poitiers/

http://www.indiana.edu/~dmdhist/joan.htm

http://archive.joan-of-arc.org/joanofarc_short_biography.html

Ilustración IV: por Jules Eugène Lenepveu (1819-1898) - publicado en en.wiki aquí por el usuario: Gdr, tomado de http://194.165.231.32/hemma/mathias/jeannedarc/lenepveu2.jpg, dominio público.

https://commons.wikimedia.org/w/index.php?curid=803067

https://en.wikipedia.org/wiki/Siege_of_Orl%C3%A9ans#Assault_on_the_Tourelles_2

https://www.thoughtco.com/hundred-years-war-siege-of-orleans-2360758

http://www.joan-of-arc.org/joanofarc_life_summary_orleans2.html

https://www.history.com/topics/middle-ages/siege-of-orleans

http://www.joan-of-arc.org/joanofarc_life_summary_victoire.html

http://www.maidofheaven.com/joanofarc_patay_battle.asp

https://www.thoughtco.com/hundred-years-war-battle-of-patay-2360756

https://www.sparknotes.com/biography/joanofarc/section5/

Ilustración V:

https://commons.wikimedia.org/wiki/File:Troyes_Rue_Linard_Gonthier_R01.jpg

http://joan-of-arc.org/joanofarc_life_summary_rheims.html

https://www.cs.mcgill.ca/~rwest/wikispeedia/wpcd/wp/j/Joan_of_Arc.htm

Ilustración VI:

https://en.wikipedia.org/wiki/Joan_of_Arc_at_the_Coronation_of_Carlos_VII

http://www.maidofheaven.com/joanofarc_reims_coronation.asp

https://en.wikipedia.org/wiki/Reims_Cathedral

http://jean-claude.colrat.pagesperso-orange.fr/2-sacre.htm

Ilustración VII:

Por anónimo: esta imagen proviene de la Biblioteca digital de Gallica y está disponible con la identificación digital btv1b105380390 / f144, Dominio Público.

https://commons.wikimedia.org/w/index.php?curid=16973390

https://www.catholic.org/saints/saint.php?saint_id=120

http://www.maidofheaven.com/joanofarc_paris.asp

https://www.sparknotes.com/biography/joanofarc/section7/

https://www.revolvy.com/page/Siege-of-Paris-%281429%29

https://www.jeanne-darc.info/battles-of-jeanne-darc/attack-on-paris-1429/

http://www.maidofheaven.com/joanofarc_jeanne_darc_autumn_1429.asp

http://www.maidofheaven.com/joanofarc_long_biography.asp

https://en.wikipedia.org/wiki/Hundred_Years'_War_%281415%E2%80%9353%29#The_Anglo-Burgundian_alliance_leads_to_the_Treaty_of_Troyes

https://en.wikipedia.org/wiki/Siege_of_Saint-Pierre-le-Mo%C3%BBtier

http://www.maidofheaven.com/marktwain/joanofarc_mark_twain_personal_recollections_book2_chapter41.asp#compiegne

https://www.jeanne-darc.info/battles-of-jeanne-darc/siege-of-compiegne/

Ilustración VIII: Por Paul Delaroche - [1], Dominio público.

https://commons.wikimedia.org/w/index.php?curid=27221

http://www.stjoan-center.com/time_line/part08.html

http://www.maidofheaven.com/joanofarc_maidoffrance_captivity.asp

https://history.howstuffworks.com/history-vs-myth/joan-of-arc-trial2.htm

https://www.jeanne-darc.info/trial-of-condemnation-index/

https://sourcebooks.fordham.edu/basis/joanofarc-trial.asp

https://en.wikipedia.org/wiki/Trial_of_Joan_of_Arc#Preliminary_inquiry

http://www.maidofheaven.com/joanofarc_feastday.asp

http://www.maidofheaven.com/joanofarc_death_sentence.asp

https://en.wikipedia.org/wiki/Joan_of_Arc

https://en.wikipedia.org/wiki/Death_by_burning#Christian_states

Ilustración IX:

https://commons.wikimedia.org/wiki/File:Joan_of_Arc_Emmanuel_Fremiet.jpg

Vea más libros escritos por Captivating History

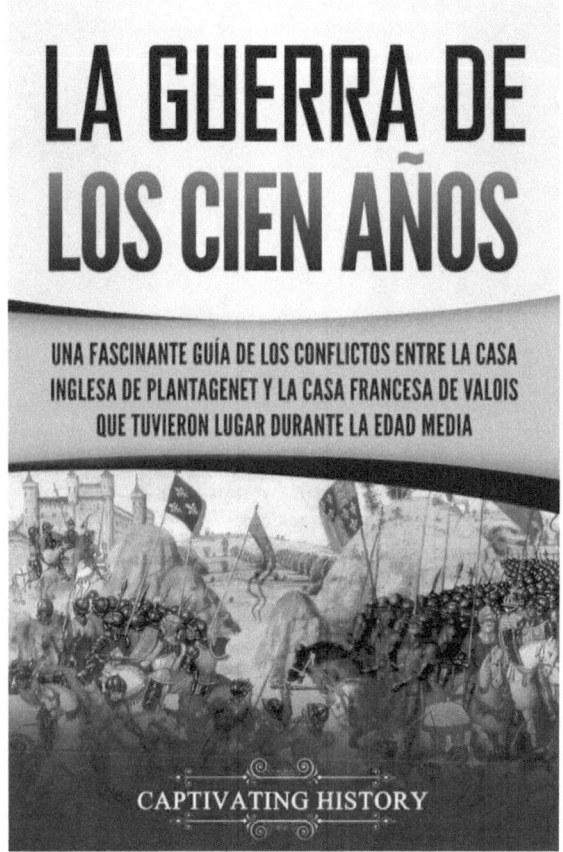

www.ingramcontent.com/pod-product-compliance
Lightning Source LLC
LaVergne TN
LVHW041644060526
838200LV00040B/1707